INHALT

Für die Bezieherinnen und Bezieher der Zeitschrift »Gottes Volk«
ist dieser Band Bestandteil des Abonnements.
ISSN 0946-8943

www.bibelwerk.de

Umschlaggestaltung: Finken & Bumiller, Stuttgart
Umschlagmotiv: © photocase.com
Satz: Barbara Herrmann, Freiburg
Druck und Bindung: finidr s.r.o., Český Těšín
Printed in the Czech Republic

ISBN 978-3-460-26739-8

Franz-Josef Ortkemper

Mit offenen Fragen leben

Das Glaubensbekenntnis erschlossen

kbw bibelwerk

VORWORT

Die nachfolgenden Predigten zum apostolischen Glaubensbekenntnis wurden in der Gemeinde Sankt Antonius in Waiblingen gehalten. Sie haben eine sehr große Resonanz gefunden, aufgrund derer ich sie nun hier veröffentliche – auch als Anregung, eine solche Reihe in der eigenen Gemeinde zu versuchen.

Die Predigten sind sehr stark im Blick auf das Neue Testament verfasst. Mich selbst hat in Erstaunen versetzt, wie sehr die späteren Aussagen des Glaubensbekenntnisses schon im Neuen Testament, ja sogar schon in seinen Vorstufen verankert sind. Für mich jedenfalls ist das eine große Hilfe, sie besser zu verstehen.

Die Sprache ist bewusst einfach gehalten, auf theologisches Fachvokabular habe ich weithin verzichtet. Wo ich es dennoch für angebracht hielt, habe ich es in Klammern erklärt.

Das Buch eignet sich auch zur persönlichen geistlichen Lektüre. Vor allem habe ich Wert darauf gelegt, das Glaubensbekenntnis so auszulegen, dass es auch auf dem Hintergrund unserer heutigen Einsichten und Fragen verstanden werden kann, vor allem im Hinblick auf die neuen Einsichten über unseren Kosmos, die Ausmaße erreicht haben, die uns schwindeln und staunen lassen.

Franz-Josef Ortkemper

Ich glaube an Gott

Glauben in der Bibel

Glauben – im hebräischen Sprachgebrauch der Bibel meint es das Festigkeit-Gewinnen in Gott; Glaube bedeutet dort ein Grundvertrauen auf Gott, eine existenzielle, persönliche Gewissheit, dass Gott existiert. Und dass er uns wohlwill. Also nicht wie in unserer Umgangssprache: Ich glaube, morgen regnet es. Das heißt: Es spricht einiges dafür, aber ganz sicher bin ich mir natürlich nicht. In *dem* Sinne gebrauchen wir das Wort »glauben« im Credo nicht. Sondern: Ich bin zutiefst überzeugt, es ist mir eine sichere Gewissheit – Gott ist die letzte, tragende Wirklichkeit meines Lebens.

Glaube und Zweifel

»Ich glaube an die Verlässlichkeit und Treue meines Partners.« Das ist mehr als eine bloße Vermutung, auch angesichts der Möglichkeit, dass Vertrauen enttäuscht werden kann. In einer solchen Haltung des Vertrauens ist ein Stück Hoffnung enthalten, ein Stück Zuversicht. Solche feste Zuversicht haben wir nötig, um leben zu können. Es bleibt natürlich die Möglichkeit der Enttäuschung – auch im Glauben. *Der Zweifel ist der Milchbruder des Glaubens –*

dieses Wort stammt von Martin Buber, dem großen jüdischen Religionsphilosophen. Der Glaube lebt, wenn er ehrlich ist, Tür an Tür mit dem Zweifel – oft in einem Hin und Her zwischen Vertrauen und Skepsis.

Und es bleibt natürlich eine Ungesichertheit. Die Rechnungen des Lebens gehen nicht glatt auf. Glauben bleibt ein Wagnis wie das Festhalten einer unsichtbaren Hand. Die Jünger Jesu haben nach dem Karfreitag Dunkelheit erlebt – sie begleitet alle, die Christen sein wollen, bis heute. Natürlich. Aber nach dem Karfreitag kam die Glaubenssicherheit von Ostern. Und die gibt es auch – bis heute. Es kann sein, dass beides sich in unserem Leben abwechselt. Es kann Zeiten geben, da fühle ich mich von Gott getragen. Und es kann Zeiten geben, wo mir scheinbar alles zwischen den Fingern zerrinnt.

Einwände gegen den Glauben

2007 erschien das Buch *Der Gotteswahn* von Richard Dawkins. Er meinte, damit dem Glauben an Gott endgültig den Garaus zu machen. Das Buch scheint heute schon wieder in Vergessenheit geraten. Ich habe es damals gelesen und war tief enttäuscht.

Was mich enttäuscht hat, war vor allem die fast völlige Abwesenheit von Argumenten. Ich hatte erwartet, Dawkins würde den Argumenten der großen Bestreiter Gottes im 19. Jahrhundert Neues, Überzeugendes hinzufügen. Nichts davon. Es ist ein polemisches Buch, es setzt sich mit allen möglichen Äußerungen von Christen heute auseinander, vor allem aus dem fundamentalistischen Lager – zum Teil wirkliche Dummheiten, die sie da geschrieben haben. Aber dass er sich mit den Gründen auseinandergesetzt hätte, die vor allem von den Religionskritikern des 19. Jahrhunderts dem Glauben entgegengehalten wurden, davon habe ich wenig gefunden. Und die werden heute tatsächlich in breiten Kreisen vertreten. Übrigens habe ich auch in meinem Studium wenig davon gehört. Und ich stand ziemlich unvorbereitet plötzlich 1967–1969 im Gymnasium vor meinen Schülern …

GOTT: NUR EIN WUNSCHTRAUM?

Nehmen wir zum Beispiel die Meinung von Ludwig Feuerbach, der Glaube an Gott entspringe menschlichem Wunschdenken, er sei ein Fantasieprodukt. Das ist ja ein uralter Einwand gegen den Glauben: Menschen flüchten sich angesichts der Vergänglichkeit ihres Lebens in eine pure Illusion. Gott ist dann nichts anderes als ein Wunschgebilde des Menschen. Was damals eher unter den Gebildeten diskutiert wurde, ist heute eine weitverbreitete Meinung.

Der englische Philosoph Arnold Toynbee (1889–1975) stellt dazu die Frage: *Kommt die Religion … nur einem Bedürfnis der Menschen nach, Illusionen zu nähren, die genährt werden müssen, weil das menschliche Leben ohne diese Illusionen unerträglich würde? Oder will die Religion bezeugen, dass es (tatsächlich) etwas außerhalb des Menschen gibt, das die Heimat des Menschen darstellt?* Anders gesagt: Ist unser Glaube an Gott bloß eine Illusion – oder sind wir hier tatsächlich der Wahrheit über unser Leben auf der Spur? Das könnte ja auch sein! Der heilige Augustinus hat einmal formuliert: *Du hast uns auf dich hin geschaffen, Gott, und unruhig ist unser Herz, bis es in dir seine Ruhe findet.* Der könnte ja auch recht haben!

EIN PERSÖNLICHER GOTT?

Auch die Vorstellung von einem persönlichen Gott ist vielen heutigen Menschen sehr schwierig geworden. Sich Gott vorstellen – in einer Welt, die sich für uns heute ins Unendliche ausweitet mit ihren Millionen von Sternen, Milchstraßen, Sonnensystemen, unvorstellbaren Entfernungen, und unsere Erde darin wie ein verschwindendes Sandkorn, atemberaubend ist das. Sich in dieser Welt Gott vorstellen – das ist schwierig geworden.

Und doch halte ich daran fest: Dieses riesige Universum versteht sich nicht von selbst. Es gibt biblische Texte, die mir dabei eine große Hilfe sind. Zum Beispiel das Tempelweihgebet des Königs Salomo im Alten Testament. Darin heißt es: *Wohnt denn Gott wirklich auf der Erde? Siehe, selbst der Himmel und die Himmel der Himmel fassen dich nicht, wie viel weniger dieses Haus, das ich gebaut habe* (1 Kön 8,27). »Selbst der Himmel und die Himmel der Himmel fassen dich nicht, wie viel weniger dieses Haus, das ich gebaut habe.« Welch eine hochreflektierte Theologie steht dahinter! Oder nehmen wir den Anfang von Psalm 90: *Herr, du warst unsere Zuflucht von Geschlecht zu Geschlecht. Ehe die Berge geboren wurden, die Erde entstand und der Erdkreis, bist du, o Gott, von Ewigkeit zu Ewigkeit.* Schon da, im Alten Testament, eine Ahnung von der Unermesslichkeit Gottes, eines Gottes, der den Erdkreis, der dieses riesige Universum mit seiner Wirklichkeit erfüllt.

Daran halte ich fest: Es ist eine Wirklichkeit in und hinter all dem, die sich für uns Menschen interessiert; ich bete zu ihr. Ich hoffe darauf, dass sie mich hört. Hört, sage ich. Natürlich ist mir bewusst, dass ich hier in Bildern rede, in Symbolen, mit Worten aus meiner begrenzten Erfahrungswelt – und mit diesen kleinen Worten suche ich den Unsagbaren zu benennen, suche ich ihn zu erreichen.

»Zu reden begann ich mit dem Unsichtbaren«

Die Schriftstellerin Marie Luise Kaschnitz hat das in einem ihrer Gedichte so ausgedrückt: *Zu reden begann ich mit dem Unsichtbaren. Anschlug meine Zunge das ungeheure Du.* Sie beginnt zu beten und erschrickt fast: Mit meiner Zunge, mit meinen begrenzten Worten will ich den Unsagbaren erreichen! Das ungeheure Du: Ich weiß es, all meine Vorstellungen, Bilder, Begriffe bleiben unzulänglich – und doch vertraue ich, dass dieses riesige Universum und mein kleines Leben darin nicht sinnlos sind, bloß eine belanglose Episode, sondern von einem Gott erfüllt, von ihm ins Sein gerufen, getragen, durchwirkt, den ich mit Du anrede, zu dem ich bete, dem ich mich anvertraue.

Bei der Trauerfeier für die Brandopfer in einer Behinderteneinrichtung in Titisee-Neustadt hat Ministerpräsident Winfried Kretschmann eine Rede gehalten. Er hat sie so geschlossen: *Mitten im Leben sind wir vom Tod umgeben. Eine harte, schmerzliche Realität. Begreifen können wir das alles nicht. Aber wir können hoffen, glauben und beten.*

GOTT, DER VATER

MOSE AM DORNBUSCH

Früher hat man manchmal gesagt: Der Gott des Alten Testaments ist der strenge, fordernde, richtende Gott. Demgegenüber ist der Gott Jesu der liebende, väterliche, den Menschen mit großer Liebe zugeneigte. Das ist so, wie wir inzwischen wissen, *ganz und gar nicht richtig*. Als der heranwachsende Jesus in den Gottesglauben seines Volkes eingeführt wurde, hatte der schon eine fast 2000-jährige Geschichte hinter sich. Der Gott, den Jesus in seiner Entwicklung kennengelernt hat, war der Gott des Alten Testaments. Und dort gibt es unglaublich offene Gottesbilder.

Zentral für das Alte Testament ist die Offenbarung des Gottesnamens im Buch Exodus, in der Erzählung vom brennenden Dornbusch (Ex 3,1–15). Da ist von einem Gott die Rede, der das Stöhnen Israels in der Knechtschaft Ägyptens wahrnimmt: *Ich habe das Elend meines Volkes in Ägypten gesehen und ihre laute Klage über ihre Antreiber habe ich gehört. Ich kenne ihr Leid.* Und er offenbart dem Mose seinen Namen: JHWH. »Ich bin der ›Ich bin da‹.« Der Name JHWH sagt etwas darüber aus, wer dieser Gott im Tiefsten ist: JHWH, er ist da, ganz nah bei den Menschen. Voller Sympathie gerade für die Kleinen.

JESU GOTTESVERHÄLTNIS

Wenn Jesus später sein Gleichnis vom verlorenen Sohn erzählt, steht genau diese Erfahrung dahinter: Der jüngere Sohn hat leichtfertig sein Vaterhaus verlassen, er hat sein ganzes Vermögen verprasst ... und als er wieder zurückkommt, hört er kein einziges Wort des Vorwurfs! Der Vater läuft dem abgerissenen Strolch entgegen und umarmt und küsst ihn. Man muss sich vorstellen, was das vor dem Hintergrund der patriarchalischen Familienordnung Israels bedeutet! Jesu Gottesverhältnis war einzigartig, es ist gewissermaßen die radikalisierte »Dornbusch«-Erfahrung des Mose. Für Mose war Gott JHWH, das heißt: Er ist für uns da, heute und in Zukunft. Genau diese Nähe Gottes empfindet Jesus auf eine ganz vertraute Weise.

MÜTTERLICHE GOTTESBILDER

Die Vater-Anrede für Gott ist dem Judentum seit der Exilszeit vertraut. Nur ein paar Beispiele: Im Psalm 103,13 lesen wir: *Wie ein Vater sich seiner Kinder erbarmt, so erbarmt sich der Herr über alle, die ihn ernst nehmen.* Jes 63,16: *Du bist doch unser Vater,* in einem ergreifenden Volksklagelied angesichts der Zerstörung des Tempels. Geradezu beschwörend klingt das: *Du bist doch unser Vater.* Oder in 2 Sam 7,14, in der Verheißung des Propheten Natan für David: *Ich will für ihn Vater sein, und er wird für mich Sohn sein.*

Aber daneben finden sich auch Stellen, die in geradezu mütterlichen Bildern von Gott sprechen, etwa Jes 66,13: *Wie eine Mutter ihren Sohn tröstet, so tröste ich euch.* Im babylonischen Exil klagen die Menschen: *Der Herr hat mich verlassen, Gott hat mich vergessen.* Dem setzt der Prophet seine Überzeugung entgegen: *Kann denn eine Frau ihr Kindlein vergessen, eine Mutter ihren leiblichen Sohn? Und selbst wenn sie ihn vergessen würde: Ich vergesse dich nicht* (Jes 49,14f).

Ein besonders schönes Wort findet sich Jes 62,4f: *Denn der Herr hat an dir seine Freude ... Wie der junge Mann sich mit der Jungfrau vermählt, so vermählt sich mit dir dein Erbauer. Wie der Bräutigam sich freut über die Braut, so freut sich dein Gott über dich.* Wie die frische, junge Liebe von jungen Menschen, so intensiv, so lebendig ist die Liebe Gottes zu uns! Das sind unglaublich schöne Gottesbilder – jenseits aller patriarchalischen Prägung.

DAS BUCH HOSEA

Im Buch Hosea, im 11. Kapitel, spricht der Prophet von der leidenschaftlichen Liebe Gottes zu uns Menschen. Man hat diesen Text das alttestamentliche »Hohelied der Liebe Gottes« genannt. Hos 11,1–4: *Als Israel jung war, gewann ich ihn lieb, ich rief meinen Sohn aus Ägypten. Je mehr ich sie rief, desto mehr liefen sie von mir weg. Sie opferten den Baalen und brachten den Götterbildern Rauchopfer dar. Ich war es, der Efraim gehen lehrte, ich nahm ihn auf meine Arme. Sie aber haben nicht erkannt, dass ich sie heilen wollte. Mit menschlichen Fesseln zog ich sie an mich, mit den Ketten der Liebe. Ich war da für sie wie die (Eltern), die den Säugling an ihre Wangen heben. Ich neigte mich ihm zu und gab ihm zu essen.*

Am Anfang erinnert der Text an die Befreiung Israels aus Ägypten. Eindrucksvoll beschreibt er die mütterlich-väterliche Liebe Gottes zum hilflosen, kleinen Israel. Für damalige Ohren verhält sich Gott hier ganz unkonventionell. Er realisiert ein nahezu modernes Ideal von einem sanft liebenden Vater. *Ich war da für sie ...* Doch Israel dankt für die Gottesgaben mit Baal-Opfern! Der geschichtliche Hintergrund: Im damaligen Israel wandten sich die Menschen in Scharen dem Baal-Kult und allen möglichen anderen religiösen Vorstellungen zu.

Mit ausgesprochen gewagten Bildern schildert Hosea, wie in Gott Zorn und Erbarmen miteinander ringen. In V. 5–9 heißt es: *Doch er muss wieder zurück nach Ägypten, Assur wird sein König sein; denn sie haben sich geweigert, umzukehren. Das Schwert wird in seinen Städten wüten; es wird seinen Schwätzern den Garaus machen und sie wegen ihrer Pläne vernichten. Mein Volk verharrt in der Treulosigkeit; sie rufen zu Baal, doch er hilft ihnen nicht auf. Wie könnte ich dich ... aufgeben, Israel? ... Mein Herz wendet sich gegen mich, mein Mitleid lodert auf. Ich will meinen glühenden Zorn nicht vollstrecken und mein Volk nicht noch einmal vernichten. Denn ich bin Gott, nicht ein Mensch, der Heilige in deiner Mitte. Darum komme ich nicht in der Hitze des Zorns.*

Hier spricht ein Prophet des Alten Testaments mit hinreißenden Bildern von einem Gott, der leidenschaftlich an den Menschen interessiert ist, der es einfach nicht fertigbringt, sein Volk fallenzulassen. Was hier geschildert wird, ist nach heutigem Verständnis fast so etwas wie eine pädagogische Katastrophe: Gott kündigt seinem Volk die Strafe an – und bringt es dann doch nicht übers Herz, sie zu vollstrecken.

Denn ich bin Gott, nicht ein Mensch. Das hier mit »Mensch« übersetzte Wort könnte man auch mit »Mann« übersetzen. Vor allem feministische Theologinnen bestehen auf dieser Übersetzung. *Denn ich bin Gott, nicht ein Mann, darum komme ich nicht in der Hitze des Zorns.* Hans Walter Wolff, früherer Alttestamentler in Heidelberg, hat sich in der zweiten Auflage seines Hosea-Kommentars dieser Übersetzung angeschlossen. Sie legt sich nahe, weil gerade in den ersten Versen des Textes erstaunlich feminine Züge Gottes aufscheinen. Gott ist kein Macho! Der evangelische Alttestamentler Manfred Oeming schreibt: *Ein androzentrisches [männerzentriertes] Gottesbild wird meines Ermessens schon im Alten Testament überwunden.*

Es sind wunderbare Bilder, in denen hier ein Mensch des Alten Testaments über die Liebe Gottes zu uns Menschen spricht, die durch nichts, aber auch durch gar nichts zu beirren ist. Er tut es in sehr menschlichen (»anthropomorphen«) Bildern, doch wie könnte man anders von Gott sprechen als mit unserer begrenzten menschlichen Sprache und aus unseren eigenen menschlichen Erfahrungen!

MEIN GOTTESBILD

Ein Gedanke zum Schluss. Gott als Vater – vielleicht tun sich manche unter uns schwer mit einem solchen Gottesbild. Wer in seiner Kindheit einen autoritären oder cholerischen Vater erlebt hat, wird Gott möglicherweise gar nicht so leicht als »Vater« ansprechen können. Die Bibel kennt unterschiedliche Gottesbilder. Gott ist wie ein Vater, aber auch wie eine Mutter oder wie ein Freund.

Die Bibel kennt auch unpersönliche Gottesbilder in großer Fülle: Gott – wie eine Burg, wie ein Fels, ein Gott also, der Sicherheit schenkt. Eine Burg, ein Fels – wie ein Rückzugsort. Gott – wie die Sonne, wie Licht. Gott – Hilfe, Kraft, Schild, Schönheit, Stärke, Weisheit, Zuflucht. Die Spitzenaussage findet sich im 1. Johannesbrief: *Gott ist die Liebe* (1 Joh 4,8.16). Thomas von Aquin hat Gott das Eine, Wahre, Gute und Schöne genannt.

Und die Bibel kennt natürlich ganz persönliche Gottesbilder: *Mein Vater, der Freund meiner Jugend bist du* (Jer 3,4). *Von deiner Güte, Herr, ist die Erde erfüllt* (Ps 119,64). Vielleicht denken Sie selbst mal nach: Welches Gottesbild könnte für mich persönlich hilfreich sein?

GOTT, DER ALLMÄCHTIGE

VOM GRIECHISCHEN ZUM LATEINISCHEN

Die Sprache unserer Liturgie war in den ersten Jahrhunderten das Griechische, auch in Rom. Erst im 4. Jahrhundert wurde in Rom die Messliturgie lateinisch (nebenbei: das sollten die Kämpfer für eine lateinische Liturgie heute bedenken!). Das heißt: Auch das apostolische Glaubensbekenntnis war ursprünglich griechisch abgefasst. Die heutige Passage in unserem Glaubensbekenntnis lautet im Griechischen nicht: »Ich glaube an Gott, den Vater, den Allmächtigen«, sie lautet anders: »Ich glaube an Gott, den Vater, den ›Pantokrator‹.« Das Wort »Pantokrator«, »der Allherrscher«, wurde dann auch ins Lateinische übersetzt, und zwar mit »omnipotens«, »allmächtig«. Mit der Übersetzung ist eine Akzentverschiebung passiert: Aus dem »Allherrscher« wird der »Allmächtige.«

Übrigens gibt es alte lateinische Übersetzungen des christlichen Credo, die haben den »Allherrscher« stehen lassen: »omnium dominatorem«, »den Herrscher über alles«. Oder auch »dominatorem universi«, »den Herrscher über das All«. Durchgesetzt hat sich schließlich die Übersetzung »der Allmächtige«. Ich muss aus heutiger Sicht sagen: leider. Der Text lässt sich allerdings kaum noch ändern, realistisch gesehen.

Der »Allherrscher«, das betont eher die Allwirksamkeit Gottes; der »Allmächtige«, das betont eher sein Allvermögen. Anders gesagt: Aus dem Gott, der überall wirksam ist, wird der Gott, der alles kann. Augustinus (354–430) hat dann formuliert: Gott heißt allmächtig, *weil er kann, was immer er will.*

Ein argumentatives Dilemma

Wenn ich das so formuliere, gerate ich in eine fast unlösbare Falle. Der griechische Philosoph Epikur (341–270) hat sie um 300 v. Chr. so formuliert: *Entweder will Gott das Böse nicht verhindern, dann ist er nicht allgütig. Oder er kann es nicht verhindern, dann ist er nicht allmächtig. Oder er kann und will es nicht, dann ist er schwach und neidisch zugleich. Oder er kann und will – und dies allein ist Gott angemessen –, woher kommt dann aber das Böse, und warum hebt er es nicht auf?*

In Georg Büchners Prosastück »Lenz« wandert Lenz, von namenloser Angst getrieben, »durchs Gebirg« zu Pfarrer Oberlin nach Waldbach im Elsass. Dort hofft er Ruhe zu finden von dem in ihm aufsteigenden Wahnsinn. In dieser Erzählung sagt Lenz in einem Gespräch mit dem Pfarrer: *Aber ich, wär ich allmächtig, sehen Sie, wenn ich so wäre, ich könnte das Leiden nicht ertragen, ich würde retten, retten.* In seinem Drama »Dantons Tod« hat Büchner es so gesagt: *Warum leide ich? Das ist der Fels des Atheismus.* Dennoch: Büchner war kein Atheist, wie heute viele denken. Er war ein Suchender. Viele seiner Freunde waren evangelische Theologen.

Ich habe den Eindruck, dass auch bei Martin Walser, einem der ganz großen gegenwärtigen Schriftsteller, seine Schwierigkeit mit dem Gottesglauben genau mit diesem »allmächtig« und dessen überkommenem Verständnis zusammenhängt.

Ein Gott, der helfen *könnte,* es dann aber doch nicht *tut,* der Menschen einfach hängen lässt – das ist zumindest ein heute weitverbreiteter Anlass, einem solchem Gott den Abschied zu geben. *Ich glaube an Gott, den Vater, den Allmächtigen* – wenn ich diesen Satz im Glaubensbekenntnis mitspreche, denke ich mir oft im Stillen: »den Allherrschenden«. In diese Richtung müsste man heute unser Glaubensbekenntnis interpretieren, denke ich. Dann kann man es besser mitsprechen.

MENSCHEN SIND KEINE MARIONETTEN

Würde man das »allmächtig« beim Wort nehmen, würden sich viele Fragen verschärfen. Vor allem die Frage nach dem Leid. Die Frage nach dem verschuldeten Leid – sie stellt sich heute in unglaublicher Schärfe – und erst recht die Frage nach dem unverschuldeten Leid, das wir in den vielen Katastrophen erleben, die Menschen jäh treffen – wenn Gott alles kann, warum greift er nicht ein?

Hier stellt sich allerdings auch die Frage nach meinem Gottesbild. Gott hat viele Katastrophen nicht verhindert, den Untergang der »Titanic« nicht und die Weltkriege nicht – nach langer Zeit habe ich Borcherts Theaterstück »Draußen vor der Tür« gesehen, wo der liebe Gott als hilfloser alter Mann durch die Szene geistert. *Ich bin der Gott, an den niemand mehr glaubt.* Und er muss sich die Frage anhören: *Wo warst du, Gott, als von meinem Spähtrupp elf Mann fehlten?*

Gott verzichtet darauf, die Menschen mit Gewalt zur Ordnung zu rufen, Gott respektiert ihre Freiheit, auch die Freiheit zum Bösen. Er hat auch Jesus nicht vor dem Kreuz bewahrt. Wir Menschen sind keine Marionetten, Gott respektiert unsere Freiheit – aber welche schrecklichen Fragen bleiben da unbeantwortet!

DAS BUCH IJOB

Im Alten Testament, im Buch Ijob, geht es ganz zentral um diese Frage: Warum müssen Unschuldige leiden? Das Buch spielt all die Antwortversuche durch, die man damals glaubte gefunden zu haben. Der Ijobdichter lässt sie Ijob mit seinen Freunden diskutieren, quälende 35 Kapitel lang. Die Freunde argumentieren: Das Leid sei eine Folge menschlicher Schuld, sie denken ganz in dem alttestamentlichen *Tun-Ergehens-Zusammenhang:* So, wie der Mensch handelt, wird es ihm auch ergehen. Der Psalm 1 ist dafür ein eindrucksvolles Beispiel: *Wohl dem Mann, der über das Gesetz Gottes nachsinnt bei Tag und bei Nacht. Er gleicht einem Baum, am Wasser gepflanzt, dessen Blätter nicht welken. Aber nicht so die Gottlosen, sie sind wie Spreu, die der Wind verweht.* Sie sagen, das

Leid sei eine Form göttlicher Erziehung und Zurechtweisung. »Wen Gott lieb hat, den züchtigt er« (Spr 3,12) – das war ja bis in unsere Zeit hinein ein Erziehungsgrundsatz – schrecklich! Oder das Leid sei eine Prüfung der Frommen, Gott wolle die Echtheit ihrer Frömmigkeit auf die Probe stellen. Oder es gehöre eben zur Natur des Menschen, es sei eine Folge seiner Geschöpflichkeit. All diese Antworten können Ijob nicht überzeugen. Heute würden wir noch hinzufügen, es sei der Preis für die menschliche Freiheit. Aber auch das erklärt längst nicht alles.

Und dann folgt in Buch Ijob ein Satz, der seltsamerweise kaum einmal zitiert wird (er steht in den Reden des Elihu, die in der Exegese bisher sehr vernachlässigt wurden): *Den Allmächtigen ergründen wir nicht* (Ijob 37,23). Wörtlich heißt es: Wir finden ihn nicht, das gleiche Wort, mit dem Koh 8,16f das Tun Gottes beschreibt: *Ich sah ein, dass der Mensch, selbst wenn er seinen Augen bei Tag und Nacht keinen Schlaf gönnt, das Tun Gottes in seiner Ganzheit nicht wiederfinden kann, das Tun, das unter der Sonne getan wurde. Deshalb strengt der Mensch, danach suchend, sich an und findet es doch nicht wieder. Selbst wenn der Gebildete behauptet, er erkenne – er kann es doch nicht wiederfinden.*

Kohelet und Ijob und Epikur haben fast zur gleichen Zeit gelebt. Der Gedanke lag damals offensichtlich in der Luft. Weder Laien, die sich redlich abmühen, noch Profis, »Weise«, die sich von Berufs wegen um Erkenntnis bemühen, weder dem einen noch dem anderen ist es möglich, die Gesamtheit des Wirklichen zu durchschauen. Diese letzte

Unfassbarkeit alles dessen, was geschieht, ist darin begründet, dass es »Tun Gottes« ist. Was Kohelet hier behauptet, ist in der Schöpfungstheologie begründet. Er denkt ganz groß von Gott und seiner Wirklichkeit. Damit steht er nicht am Rand, sondern im Zentrum biblischer Tradition.

Dreimal wird in Koh 8,16f gesagt, der Mensch, selbst der Weise, könne das Tun, das unter der Sonne getan wird, nicht finden. Selbst wenn jemand Tag und Nacht alle Bücher der Welt studieren würde, er könnte es nicht finden. Ijob 37,23 hatte formuliert: *Den Allmächtigen ergründen wir nicht.* Den Allmächtigen – hier steht im Hebräischen die Gottesbezeichnung *schaddai:* Mit diesem Namen verbinden sich Vorstellungen von Schutz und Beistand, aber auch von überwältigender und zerstörerischer Macht. Gott bleibt größer, anders, rätselvoller, unverständlicher, abgründiger, als wir uns das normalerweise eingestehen. Daran kann uns auch die Formulierung im Credo erinnern: »den Allmächtigen«.

Jesu ohnmächtiges Sterben

Auch Jesus von Nazaret ist das Leid nicht erspart geblieben. Er starb auf grauenhafte Weise. In ihm hat Gott selbst – aus Liebe – das Äußerste riskiert. Und ist damit, äußerlich betrachtet, gescheitert. Die Ohnmacht der Liebe. Ein Paradox. Unauflösbar.

Auch das ist keine Antwort – solange ich jedenfalls die Auferweckung Jesu aus dem Tod nicht einbeziehe. Da, wo menschlich gesehen alles absurd wird, der Tod sein unwiderrufliches Wort spricht – da steht die Macht Gottes, die aus dem Tod retten kann. Im Neuen Testament wird noch deutlich, wie tief diese Ostererfahrung die damaligen Anhänger Jesu erschüttert hat, erschüttert bis in den Grund ihres Seins.

Das Credo im Ganzen sehen

Ich glaube an Gott, den Vater, den Allmächtigen – diesen Satz des Credo muss ich mit dem anderen zusammenhören: *auferstanden von den Toten* – und *Ich glaube an die Auferstehung der Toten und das ewige Leben.* Ich glaube daran, dass Gottes Macht der Macht des Todes überlegen ist. Dass er all den Opfern der menschlichen Geschichte sein Leben schenken wird, ja dass er es ihnen längst geschenkt hat.

Auch mich überkommen hier und da Zweifel, ob das denn alles stimmen könne. Ist das alles nicht doch bloß menschliches Wunschdenken? Die Geschichte des Jesus von Nazaret steht dagegen – und der tapfere Glaube, den viele, die in einer solchen Katastrophe stecken, dennoch bewahren, und wenn sie nur gegen diesen Gott anschreien: Warum? Warum trifft es mich? Mein Gott, warum hast du mich verlassen?

Ich glaube an Gott, den Vater, den Allmächtigen – diesen Satz kann ich weiter ehrlichen Herzens mitsprechen, aber zugleich ist mir bewusst: Gott ist verborgener, rätselhafter, dunkler, als eine so helle, positive Formulierung es nahelegt. Gott bleibt – in vielerlei Beziehung – im Letzten unergründliches Geheimnis.

GOTT, DER SCHÖPFER
DES HIMMELS UND DER ERDE

SCHÖPFUNG ODER ENTWICKLUNG?

Ich glaube an Gott, den Schöpfer des Himmels und der Erde, das heißt: Alles, was ist, verdankt sich Gott. Das heißt aber nicht: Gott hat die Welt in sechs Tagen fix und fertig geschaffen, so wie es (scheinbar) in der Bibel steht. Das vertreten heute noch extreme christliche Gruppen, vor allem in den USA. Ich habe dafür nicht das geringste Verständnis. Übrigens hat es der »Youcat«, der Jugendkatechismus der Katholischen Kirche, auch nicht. Er schreibt: *Diese Leute nehmen biblische Daten (zum Beispiel wie alt die Erde ist, oder das Sechstagewerk) naiv wörtlich.*

Alles, was ist, verdankt sich Gott. Aber: Gott hat eine werdende, sich entwickelnde Welt geschaffen. Evolution und Schöpfung sind keine Gegensätze. Obwohl viele unserer Zeitgenossen genau dieser Ansicht sind. Die Erschaffung des Menschen sei ein biblischer Mythos, der dem aufgeklärten Menschen heute kaum noch zuzumuten sei. Demgegenüber könne sich die Evolutionslehre auf naturwissenschaftlich gestützte Fakten berufen. Das hat man den Leuten in der ehemaligen DDR 40 Jahre lang so beigebracht – mit erheblichen Auswirkungen! Aber ist diese Alternative zutreffend: entweder erschaffen (durch Gott) oder Evolution? Darin steckt eine doppelte Behauptung:

1. Alles, was ist, also auch der Mensch, ist notwendig einer naturwissenschaftlichen Erklärbarkeit zugänglich. Das ist unbestreitbar richtig.
2. Diese Erklärbarkeit ist nicht nur notwendig, sondern hinreichend. Doch genau das ist die Frage!

Ist also religiöser Unglaube die Bedingung für wissenschaftliche Glaubwürdigkeit? Ist umgekehrt naturwissenschaftliche Unkenntnis die Bedingung für religiösen Glauben? Die großen monotheistischen Religionen sagen, Gott habe die Welt erschaffen. Aber ihre Schöpfungserzählungen können und wollen uns keinen Report von der Entstehung der Welt liefern.

Zwei unterschiedliche Schöpfungserzählungen in der Bibel

Die Bibel beginnt mit zwei Schöpfungserzählungen, die sich in ihrem Ablauf völlig widersprechen. Aber die Leute, die diese Texte damals zusammengestellt haben, haben darin überhaupt keinen Widerspruch gesehen. In Gen 1,1–2,4a steht das Sechstagewerk – ein großartiger Hymnus mit sieben Strophen und dem immer neu wiederholten Kehrvers: *Gott sah, dass es gut war. Es wurde Abend, es wurde Morgen …* Dieser Text ist schon von seiner literarischen Machart her keine Schilderung der Schöpfung sondern ein Lobpreis der Schöpfung!

Und dann folgt unvermittelt in Gen 2 ein weiterer Text, der den ganzen Vorgang der Schöpfung genau umgekehrt

schildert: *Gott formte den Menschen aus Erde vom Acker-*
boden und blies in seine Nase den Lebensatem – und dann
erst wird der Garten angelegt als Lebensraum für den Menschen. Das haben doch die Leute, die die Bibel konzipiert
haben, gemerkt! Und dieser Text ist längst nicht so naiv,
wie viele ihn einschätzen. *Gott formte den Menschen aus*
Erde vom Ackerboden und blies in seine Nase den Lebens-
atem. In diesem einen Satz sind Größe und Elend des Menschen auf unnachahmliche Weise miteinander verbunden.
Der Mensch ist vom Ackerboden genommen, aus vergäng-
lichem Stoff. Und zugleich ist er vom Atem Gottes, von der
Lebendigkeit Gottes erfüllt.

Übrigens ist »adam« das hebräische Wort für
»Mensch«. Und der Ackerboden heißt auf hebräisch »ada-
mah«. Nicht vom ersten Menschen ist hier die Rede, sondern von uns Menschen überhaupt, von jedem Menschen.
Das Tragische: Leider haben verantwortliche Kirchenführer
an einer wortwörtlichen Interpretation dieser Texte festgehalten, bis in den Anfang des letzten Jahrhunderts hinein.
Damit haben sie eine verhängnisvolle Fehlinterpretation
gefördert. Aber einige große Theologen schon des 19. Jahrhunderts hatten nicht das geringste Problem mit der Dar-
winschen Evolutionstheorie, zum Beispiel der von der
anglikanischen zur katholischen Kirche konvertierte spätere
Kardinal John Henry Newman (1801–1890). Er hielt die
Argumente, die sein Zeitgenosse Darwin für die Evolution
vorbrachte, für plausibler als einen textunkritischen Bibli-
zismus.

Und er hatte dafür ein verblüffendes Beispiel: Wie, ver-
flixt nochmal, kommen Fossilien in uralte Gesteine? Die
Frage stellt sich ja, wenn man das Alter der Erde nach der
Bibel bestimmt! Sie können das in den Alpen beobachten,
wo mächtige Gesteinsbrocken aufgetürmt sind, die Schich-
ten stehen zum Teil fast senkrecht. Eigentlich müssten sie ja
waagerecht liegen, weil dort früher Meer war. Aber das
Ganze ist irgendwann in einer großen Auffaltung entstanden. Und in diesem Gestein sind Fossilien. Wie sind die
denn da hineingekommen?

Die Grösse des Schöpfers

Man könnte geradezu die Größe des Schöpfers darin sehen,
dass er die von ihm ins Dasein gerufenen Geschöpfe selbst
Ursache sein lässt für neue Arten von Leben und ihnen
eigene Wirkungsmöglichkeiten zutraut. Gott schafft eine
Wirklichkeit, die die evolutiven Kräfte ihrer Entfaltung in
sich selbst trägt. Gott traut seiner Schöpfung etwas zu!
 Die Welt als Schöpfung Gottes betrachten heißt auch:
Das Leben ist Gottes Geschenk. Zum Schöpfungsglauben
gehört die Freude an der Welt dazu, an ihrer Schönheit, an
ihren Möglichkeiten. Wer von Schöpfung redet, verpflichtet
sich damit zu einem verantwortlichen Umgang mit der
Natur. Und der kann sich nicht nur an ihrem Nutzwert ori-
entieren.
 Freude an den Gütern der Schöpfung muss auch die
Bereitschaft einschließen, sie mit anderen zu teilen, sie zu

schützen, sie zu bewahren. Angesichts der ökologischen Krise ist das Engagement für die Bewahrung der Schöpfung geradezu die Probe darauf, wie sehr wir den Schöpfungsglauben ernst nehmen.

Die werdende Welt: Auch ein Glaubensproblem!

Nun aber muss ich leider etwas Wasser in den Wein der Begeisterung gießen. Glauben an Gott als den Schöpfer von allem, was existiert, das geht heute nur so, dass ich glaube: Gott hat diese Welt nicht fix und fertig erschaffen, eine perfekte Welt, sozusagen die *beste aller denkbaren Welten* (wie es der Philosoph Gottfried Wilhelm v. Leibniz formuliert hat). Nein, er hat die Welt als eine evolutive, werdende, sich entwickelnde Welt geschaffen, mit all dem Leid, das damit verbunden war und ist.

2004 haben wir zur Weihnachtszeit den Tsunami erlebt, die riesige Flutwelle, die damals in Südostasien unglaublich viele Menschen in den Tod gerissen hat. Sie war, bei Licht betrachtet, nichts anderes als eine Folge der evolutiven Welt. Unsere Erde ist nicht fertig. Die Kontinente verschieben sich, nach wie vor, sie driften langsam, sehr langsam aufeinander zu oder voneinander weg. Die Kontinentalplatten verschieben sich, und wenn sie sich über- oder untereinanderschieben, sich verhaken, kommt es zu solchen Katastrophen, wie wir sie damals erlebt haben. Riesige Kontinentalplatten hatten sich ineinander verhakt, ein riesiger Riss im Meeresboden entstand, der hat die Flutwelle

hervorgerufen – und niemand kann mit Sicherheit voraus-
sagen, was alles uns noch bevorsteht.

Sie kennen das von den Karten aus dem Fernsehen: Die
Kontinentalplatten, an deren Rändern die Wahrscheinlich-
keit von Erdbeben sehr hoch ist und auch die Gefahr von
Vulkanausbrüchen. Wir leben auf einer höchst gefährdeten
Erde. Im Verlauf von drei Milliarden Jahren Evolutions-
geschichte sind viele solcher Großkatastrophen passiert.
Ein riesiger Komet ist auf unsere Erde eingeschlagen. Die
Folge war der Tod der Dinosaurier, überhaupt einer ganzen
Population, die sich entwickelt hatte. Die war offensichtlich
ins Leere gelaufen.

Das Leben ist groß, aber eben auch chaotisch und zer-
störerisch. In diesen drei Milliarden Jahren Evolutions-
geschichte ist viel, allzu viel ins Leere gelaufen, zerstört
worden in einem unaufhörlichen Drama von Katastrophen.
Das berührt nicht zuletzt unser harmonisch-religiöses Bild
eines göttlichen, guten Schöpfers. *Doch der Schöpfer Gott
ist, gemessen an den evolutiven Fakten, ebenso radikal ein
»Zerstörer.«*[1]

FRAGEN BLEIBEN, VIELE FRAGEN

Auch solchen Fakten muss ich mich als gläubiger Mensch
stellen. Und ich bin da, offen gestanden, einigermaßen ratlos.
Aber es hat ja keinen Zweck, die Fakten wegzuinterpretieren

---

[1] »Christ in der Gegenwart« Nr. 21/2010.

oder sie zu leugnen. Gott hat offensichtlich all diese Katastrophen nicht verhindert. Warum nicht? Hätte er sie überhaupt verhindern können? Wird er verhindern, kann er verhindern, dass die Erde eines Tages den Hitzetod stirbt?

Das sind Fragen von einigem Kaliber. Könnte man sagen: Gott hat eine werdende, sich entwickelnde Welt geschaffen, deren Freiheit er respektiert? Könnte man sagen: Damit hat er auch ein Stück seiner »Allmacht« abgegeben, er greift nicht ein – weil er die Freiheit seiner Schöpfung und seiner Geschöpfe will? Und doch: Welche Fragen stehen da auf! Und *alle* Fragen beantworten sich nicht.

MIT OFFENEN FRAGEN LEBEN UND GLAUBEN

In den Zehn Geboten findet sich der Satz: *Du sollst dir kein Gottesbild machen* (Ex 20,4). Im hebräischen Urtext steht: *Du sollst dir kein Bildnis machen,* aber der ganze Zusammenhang macht deutlich, dass hier an ein Gottesbild gedacht ist. In der Tradition der reformierten Kirchen wird dieser Satz als eigenes, zweites Gebot gezählt. Gerade wir Katholiken sollten uns dieses Wort zu Herzen nehmen: *Du sollst dir kein Gottesbild machen.* Gott ist größer als unsere Bilder, größer als unsere Formulierungen und Worte, größer auch als unsere Dogmen. Nebenbei: In der reformierten Zählung geht dann die Zählung der Zehn Gebote auseinander, bis sie beim neunten und zehnten Gebot wieder zusammenfindet; das Begehrensverbot wird als ein einziges Gebot gezählt. Gott ist größer als unsere Bilder, größer, aber auch rätselhafter und dunkler. Und ich muss auch als gläubiger Mensch mit offenen Fragen leben.

Als Christ darf ich eines noch sagen: Das Wort wurde Fleisch. Jesus: ein vergänglicher, sterblicher Mensch. Aber Gott hat ihn auferweckt in ein Leben, das kein Tod mehr zerstört. Ein Leben, das er auch uns verspricht. Und erst dann werden sich unsere Fragen »lösen«, so hoffe ich.

Ich glaube an Jesus Christus

Das älteste Bekenntnis zu Jesus

Jesus Christus – viele von uns denken, das sei der Name Jesu, ein Doppelname sozusagen. Aber das ist ein Irrtum. *Jesus Christus,* das ist das älteste Bekenntnis zu Jesus, das wir überhaupt kennen: Jesus ist der Christus. Wer Jesus Christus sagt, zitiert ein ganz frühes christliches Osterbekenntnis: *Gott hat ihn zum Christus gemacht, diesen Jesus, den ihr gekreuzigt habt* (Apg 2,36), so heißt es am Ende der Pfingstpredigt des Petrus. »Christus«, griechisch »Christós«, der Gesalbte, ist die Übersetzung des hebräischen Wortes für »Messias«.

Es ist ziemlich sicher, dass Jesus diesen Titel nur sehr selten, wenn überhaupt gebraucht hat. Denn hätte er damals gesagt: Ich bin der Messias, so wäre er von den meisten der damaligen Juden völlig missverstanden worden. Die Erwartung im damaligen Palästina war, der Messias werde die Römer endgültig aus dem Land treiben und die Königsherrschaft Davids wieder aufrichten. Jesus wäre als politischer Befreier missverstanden worden.

DAS »MESSIASGEHEIMNIS«

Im Markusevangelium gibt es eine ganz seltsame Sache, das sogenannte Messiasgeheimnis. Gleich in der ersten Wundergeschichte deutet es sich an: Jesus heilt einen Besessenen in der Synagoge von Kafarnaum, und Jesus befiehlt dem unreinen Geist: *Schweig und verlass ihn* (Mk 1,25). Am Abend heilt Jesus viele Kranke, und dann heißt es: ... *und er verbot den Dämonen zu reden, denn sie wussten, wer er wa*r (Mk 1,34). In Mk 1,40–45 heilt Jesus einen Aussätzigen und er schärft ihm ein: *Erzähl niemand etwas davon.* In Mk 3,10–12, wo Jesus viele Menschen heilt, heißt es, die von unreinen Geistern Besessenen fallen vor ihm nieder und schreien: *Du bist der Sohn Gottes! Er aber verbot ihnen streng, bekannt zu machen, wer er sei.* Bei der Auferweckung der Tochter des Synagogenvorstehers Jairus sagt Jesus am Schluss: *Doch er schärfte ihnen ein, niemand dürfe etwas davon erfahren* (5,43). Seltsam. Viele Leute sind dabei – niemand darf etwas darüber erfahren. Und schließlich beim Messiasbekenntnis des Petrus: *Du bist der Messias.* Und dann: *Doch er verbot ihnen, mit jemandem über ihn zu sprechen* (Mk 8,29f).

Das zieht sich wie ein roter Faden durch das Markusevangelium. Der evangelische Theologe William Wrede hat darüber 1901 ein Buch geschrieben. Das letzte Mal, wo dieses Schweigegebot im Markusevangelium vorkommt, ist bei der Verklärung Jesu. Und dann heißt es in Mk 9,9: *Während sie den Berg hinabstiegen, verbot er ihnen, irgendjemand zu erzählen, was sie gesehen hatten, bis der Menschensohn von den Toten auferstanden sei.* Und plötzlich hat's bei dem William Wrede geklickt: Wer Jesus wirklich ist, wer er im Tiefsten ist, das kann man überhaupt erst von Ostern her wissen! Das erschließt sich erst vom Ende des Weges Jesu her, von seinem Tod am Kreuz und seiner Auferweckung in das ganz andere Leben Gottes.

Als Jesus am Kreuz stirbt, bekennt der römische Hauptmann unter dem Kreuz: *Wahrhaftig, dieser Mensch war Gottes Sohn* (Mk 15,39). Jetzt ist das Missverständnis nicht mehr möglich, Jesus sei als politscher Befreier gekommen. Er hat uns aus viel tieferen Dimensionen unserer menschlichen Misere befreit, letztlich aus dem Tod; er hat uns von der Angst befreit, unser Leben könne am Ende misslingen. Am Ende des Weges Jesu steht nicht sein schrecklicher Tod. Am Ende steht Gott, der ihn aus dem Tod befreit hat.

OSTERVERKÜNDIGUNG

Und nach Ostern hat dann auch die Aussage ihr Recht: *Gott hat ihn zum Herrn und zum Christus gemacht, diesen Jesus, den ihr gekreuzigt habt* – so in der Pfingstpredigt des Petrus in der Apostelgeschichte (2,36). Die Apostelgeschichte wurde vom Evangelisten Lukas geschrieben, der Evangelium und Apostelgeschichte von vornherein zusammen konzipiert hat, als ein »Doppelwerk«.

In seinem Evangelium sagt der Engel in der Kindheitsgeschichte zu den Hirten: *Heute ist euch in der Stadt Davids der Retter geboren, er ist der Christus, der Herr* (Lk 2,11).

Das ist Verkündigung des Auferstandenen – drei wichtige Christustitel, die erst von Ostern her sinnvoll waren, stehen in dieser Engelsbotschaft nebeneinander: Er ist der Retter, er ist der Christus, der Messias, er ist der Herr.

Das heißt: Schon in der Kindheitsgeschichte des Lukas findet sich eine hohe Christologie, ein ausgefaltetes österliches Bekenntnis zu Jesus. Jesus wird im Lukasevangelium von allem Anfang an als der Christus verstanden, der Gesalbte Gottes. Denn natürlich blickt Lukas von der Ostererfahrung auf das irdische Leben Jesu zurück. Schon in seiner Weihnachtsgeschichte findet sich das Bekenntnis seines Osterglaubens!

MESSIASERWARTUNG IM DAMALIGEN JUDENTUM

Der Psalm 89 erzählt eindrucksvoll von König David – entstanden ist er in einer schwierigen Zeit. Sie werden das gleich merken.

Ich habe einen Bund geschlossen mit meinem Erwählten
und David, meinem Knecht, geschworen:
Deinem Haus gebe ich auf ewig Bestand (V. 4f).
Einen Helden habe ich zum König gekrönt,
einen jungen Mann aus dem Volk erhöht.
Ich habe David, meinen Knecht, gefunden
und ihn mit meinem heiligen Öl gesalbt (V. 20f).
Sein Geschlecht lasse ich dauern für immer
und seinen Thron, solange der Himmel währt (V. 30).

39

Und dann kippt das Ganze plötzlich um:

Nun aber hast du deinen Gesalbten verstoßen,
ihn verworfen und mit Zorn überschüttet,
hast den Bund mit deinem Knecht zerbrochen,
zu Boden getreten seine Krone.
Eingerissen hast du all seine Mauern,
in Trümmer gelegt seine Burgen.
Alle, die des Weges kommen, plündern ihn aus,
er wird zum Gespött seiner Nachbarn (V. 39–42).
Herr, wo sind die Taten deiner Huld geblieben,
die du David in deiner Treue geschworen hast? …
Im Herzen brennt mir der Hohn der Völker,
mit dem deine Feinde mich schmähen, Herr,
und die Schritte deines Gesalbten verhöhnen (V. 50–52).

Sie haben es vielleicht bemerkt: In diesem Psalm ist von der Eroberung Jerusalems durch die Babylonier die Rede, vom endgültigen Ende des Königtums Davids. Ein einziges Desaster, eine Katastrophe, völlige Dunkelheit. Aus der inneren Auseinandersetzung mit dieser deprimierenden Geschichte des Volkes Israel ist langsam die Messiaserwartung gewachsen. Die Erwartung, Gott werde sein Volk nicht endgültig verstoßen, er werde erneut eingreifen, rettend, befreiend.

JESUS VON NAZARET – DER MESSIAS?

Erst nach der Katastrophe des Karfreitags konnten die Christen diesen alten Messias-Titel auf Jesus übertragen – die Juden teilen diese Sicht nicht. Auch nach heutigem jüdischen Verständnis bedeutet die Messiaserwartung die Verwandlung der Welt, das Ende von Not, Krieg und Elend. Die Leiden des Judentums waren nach Christus größer als vorher – wir Christen tragen daran die Hauptschuld. Für vieles, für ganz vieles müssen wir die Juden um Vergebung bitten.

Allerdings sehen auch wir Christen, dass noch längst nicht alles geschehen ist, was wir vom Messias erhoffen. Dass die Vollendung der Welt aussteht, dass ihr Jammer geblieben ist. Auch wir warten noch auf den Messias. Auch wir leiden unter den Dunkelheiten der Welt und ihrer Geschichte. Ich möchte mit einer kurzen Erzählung enden:

WER HAT RECHT?

Eine Jüdin und eine Christin stritten über den Messias. Die Jüdin behauptete, der Messias sei noch nicht gekommen. Die Christin behauptete, er sei schon längst gekommen. Schließlich sagte die Jüdin ganz ruhig, um die Auseinandersetzung zu beenden: Warten wir es ab, bis der Messias kommt. Wenn er dann sagt: ›Guten Tag, da bin ich wieder‹, haben die Christen recht. Wenn er aber sagt: ›Da bin ich endlich‹, haben wir Juden recht.

Jesus Christus, Gottes eingeborener Sohn

Das Zentrum: Die Ostererfahrung

Der Römerbrief des Apostels Paulus beginnt so: *Paulus, Knecht Christi Jesu, ... auserwählt, das Evangelium Gottes zu verkündigen, ... das Evangelium von seinem Sohn, der dem Fleisch nach geboren ist als Nachkomme Davids, der dem Geist der Heiligkeit nach eingesetzt ist als Sohn Gottes in Macht aufgrund der Auferstehung von den Toten* (Röm 1,1–4).

Paulus nennt Jesus hier den »Sohn Gottes in Macht«. Er zitiert dabei ein altes Glaubensbekenntnis, das er selbst schon vorgefunden hat. Jesus ist der Sohn Gottes in Macht. Und das gründet auf der Ostererfahrung: aufgrund der Auferstehung von den Toten. Die ganze urchristliche Theologie spricht von Ostern her. Die Ostererfahrung ist es, die überhaupt erst zur Predigt von Jesus geführt hat, die den Jüngern überhaupt erst wieder Mut gegeben hat nach seinem katastrophalen Ende am Kreuz.

Ein altes Christuslied

Das ist ein uraltes Bekenntnis, allerdings ein Bekenntnis, das noch auf dem Weg in den ganzen Glauben ist. Im Philipperbrief des Paulus findet sich ein altes Christuslied.

Auch das ist viel älter als dieser Brief, der um 55 n. Chr. geschrieben wurde. Sie kennen es vermutlich alle. Es lautet so:

Er war Gott gleich,
hielt aber nicht daran fest,
wie Gott zu sein,
sondern er entäußerte sich
und wurde wie ein Sklave
und den Menschen gleich.
Sein Leben war des eines Menschen;
er erniedrigte sich
und war gehorsam bis zum Tod,
bis zum Tod am Kreuz.
Darum hat ihn Gott über alle erhöht
und ihm den Namen verliehen,
der größer ist als alle Namen,
damit alle im Himmel, auf der Erde und unter der Erde
ihre Knie beugen vor dem Namen Jesu
und jeder Mund bekennt:
»Jesus Christus ist der Herr« –
zur Ehre Gottes, des Vaters. (Phil 2,6–11)

In diesem Lied wird die Auferstehung Jesu als seine »Erhöhung« zu Gott beschrieben; man hat schon damals höchst unterschiedliche Bilder gebraucht, um dieses Ereignis zu beschreiben. Für unseren Zusammenhang wichtiger noch ist der Beginn des Liedes: *Er war Gott gleich ...*

Das heißt doch: Dieses alte Christuslied, das schon vor dem Philipperbrief entstanden ist, beschreibt Jesus als »Gott gleich«, schon immer bei Gott lebend, aus der Wirklichkeit Gottes in diese Welt gekommen. Das heißt aber auch, dass Jesus so nahe an Gott selbst heranrückt, dass man formulieren kann: *Er war in göttlicher Gestalt* (so wörtlich aus dem Griechischen). Das ist keine Erfindung der späteren Theologie, gar erst der Konzilien von Nicäa (325) und Chalcedon (451), es ist die Überzeugung von Christen bereits in den ersten Jahrzehnten christlichen Glaubens!

Ein paar Geschichts-Zahlen. Die Paulusbriefe sind ca. 49–58 entstanden, der 1. Thessalonicherbrief bereits 49/50, nicht einmal 20 Jahre nach dem Tod Jesu am Kreuz. Der Philipperbrief entstand um 55/56, 25 Jahre nach dem Tod Jesu. Schon hier gibt es die Ahnung, dass Jesus ganz von Gott her kommt, dass er seinen göttlichen Lebensglanz ganz von ihm her hat.

DER JOHANNES-PROLOG

Im Prolog des Johannesevangeliums (es entstand allerdings erst zwischen 90 und 100) ist das noch deutlicher.

Im Anfang war das Wort,
und das Wort war bei Gott,
und das Wort war Gott.
Im Anfang war es bei Gott.
Alles ist durch das Wort geworden,

und ohne das Wort wurde nichts, was geworden ist ...
Und das Wort ist Fleisch geworden
und hat unter uns gewohnt. (Joh 1,1–3.14)[1]

Auch diesen Text hat Johannes schon in seiner Gemeinde vorgefunden. Er ist älter als das Johannesevangelium. Er bekennt: Schon immer, im Uranfang, war das Wort – eben Jesus Christus – unerschaffen bei Gott. *Und das Wort war Gott.* Da steht »Gott« *(theos)* und nicht etwa »göttlich« *(theios).* Das ist sicher kein Zufall.

Der Evangelist Johannes hat hier ein Lied übernommen, das seinen Lesern aus dem Gottesdienst vertraut war. Darin macht er noch eine wichtige Aussage *Und wir haben seine Herrlichkeit gesehen, die Herrlichkeit des einzigen Sohnes vom Vater* (Joh 1,14).

---

[1] Ulrich Wilckens legt das so aus: Der Anfang Jesu Christi *ist der Anfang Gottes, nicht ein Anfang in der Zeit, sondern in der Ewigkeit. Keiner der Evangelisten vor dem Joh.evangelisten hat den Menschen Jesus als Gottes Sohn so nah und so wesenhaft mit Gott zusammengesehen, in Jesu Wort Gottes Wort, in Jesu Handeln Gottes Handeln, in Jesu Geschichte den Weg seiner Sendung von Gott herausgestellt. Der Glaube, dass »Jesus, der Christus, Gottes Sohn« ist (20,31), hat seinen Grund und seine Wahrheit in der Einheit Jesu mit Gott (10,30). Darum beginnt der Joh.evangelist sein Evangelium dort, wo die Bibel der Urchristenheit, das Alte Testament, ihr Zeugnis von dem einzig-einen Gott beginnt: »Im Anfang«. Dieser Anfang reicht jedoch vor den Anfang der Welt in der Schöpfung (Gen 1,1) zurück ... So beginnt die Ouvertüre des Joh mit dem ewigen Dasein des Wortes bei Gott, ... ohne zeitlichen Anfang und ohne zeitliches Ende.* (»Das Evangelium nach Johannes«. Das Neue Testament Deutsch, Band 4, © Verlag Vanderhoeck & Ruprecht, Göttingen 1998, S. 26f).

Der eingeborene Sohn – vermutlich ist die Übersetzung »einziggeboren« treffender: »einzig«, »einzigartig«. Die Einzigkeit Jesu hängt an seiner Herkunft von Gott. So bekennt der alte Hymnus am Ende des 1. Jahrhunderts seinen Glauben an Jesus Christus. Gott hütet Jesus wie seinen Augapfel, wenn man ein solches Bild brauchen darf, er ist für ihn einzigartig.

Und das Wort ist Fleisch geworden: »Fleisch« bezeichnet in der Bibel die vergängliche, sterbliche, hinfällige Seite des Menschen. Er, der von Gottes Wesen ist, der schon im Anfang bei Gott war, wurde ein sterblicher, armseliger Mensch. Eine geradezu paradoxe Aussage, die wir nie ganz begreifen werden. Aber ich halte für mich daran fest. Unbedingt.

Ganz Gott – ganz Mensch

Nehmen wir die Texte der Evangelien wirklich ernst und wählen nicht willkürlich aus, was uns passt, so begegnet uns Jesus von Nazaret dort als ein Mensch aus Fleisch und Blut, ein Mensch, der sich freuen konnte an den Blumen auf dem Feld, an den spielenden Kindern auf dem Marktplatz, an den Menschen und ihrer Originalität. Ein Mensch, der mitten im Leben stand, der leiden und weinen konnte, der in der Verzweiflung des Sterbens laut schrie, der von Versuchungen und Fragen nicht verschont blieb. Ein voller und ganzer Mensch, mit beiden Beinen auf der Erde.

Zugleich aber erhebt dieser Mann einen Anspruch, der den Zuhörern den Atem stocken lässt: In mir redet und handelt Gott selbst, spricht Gott selbst sein endgültiges Wort. Nur zwei Beispiele: Wenn Jesus in eigener Vollmacht Sünden vergibt, nehmen seine Zeitgenossen daran Anstoß: Er tut, was Gott vorbehalten ist. Was maßt er sich da an? *Wer kann Sünden vergeben außer dem einen Gott?* (Mk 2,7). In dem berühmten *Ich aber sage euch* der Bergpredigt (Mt 5,21–48) erhebt Jesus einen Anspruch, der auf seine Zeitgenossen geradezu atemberaubend gewirkt haben muss: Mose hat euch gesagt – ich aber sage euch! Jesus beansprucht, den Willen Gottes in einmaliger, unüberbietbarer Weise zur Geltung zu bringen, tiefer und gültiger als alle bisherige Tradition.

Wie soll man das zusammenbringen? Das spätere christliche Bekenntnis auf dem Konzil von Chalcedon (451) fasst es in die paradoxe Formulierung *wahrer Gott und wahrer Mensch*. Ich verstehe dieses Bekenntnis zunächst als eine Warnung. Ordnet Jesus nicht allzu voreilig in eure gewohnten Denkkategorien ein! Macht es euch mit ihm nicht zu einfach! Jesus: der einmalige, vorbildliche Mensch? Nein, das wäre zu wenig. Jesus: der verkleidete Gott, der auf der Erde sozusagen nur ein Gastspiel gegeben hätte? Nein, das wäre zu wenig. Er entzieht sich letztlich eurem gedanklichen Zugriff, eurem Begreifen, auch eurem Bescheidwissenwollen. Aber das Eine haltet fest: In diesem Menschen, in Jesus von Nazaret, ist Gott selbst nahe in einmaliger, unüberbietbarer Weise.

Gerade seine volle Menschlichkeit ist mir so wichtig. Weil ihn das Leid der Menschen tatsächlich bewegt und berührt. Seine Gottheit ist mir ebenso wichtig. Weil er uns im Leid nicht nur solidarisch zur Seite steht, ganz einer von uns, sondern weil er es überwindet in die Auferstehung hinein.

Wahrer Gott und wahrer Mensch. Dieses Bekenntnis ist für mich auch eine ganz starke Ermutigung. Jesus ist für mich nicht nur Vorbild, dem ich nacheinfern kann, sondern auch Hoffnung, auf die ich vertrauen darf. Immanuel Kant hat einmal die folgenden vier Fragen als die wichtigsten überhaupt bezeichnet: Was soll ich tun? Was darf ich hoffen? Was kann ich wissen? Was ist der Mensch? Das Leben Jesu gibt mir Antwort nicht nur auf die Frage, was ich tun soll, sondern auch auf die, was ich hoffen darf. In diesem Mann aus Nazaret ist sichtbar geworden, wer Gott ist. Nicht ein ferner, strenger, richtender Gott, sondern ein menschenfreundlicher Gott, dem wir uns anvertrauen dürfen, auch in Schuld und Versagen, und selbst im Tod.

Jesus Christus, unser Herr

Ich möchte noch einmal auf das alte Christuslied aus dem
Philipperbrief des Apostels Paulus zu sprechen kommen:

> *Er war Gott gleich,*
> *hielt aber nicht daran fest,*
> *wie Gott zu sein,*
> *sondern er entäußerte sich*
> *und wurde wie ein Sklave*
> *und den Menschen gleich.*
> *Sein Leben war das eines Menschen,*
> *er erniedrigte sich*
> *und war gehorsam bis zum Tod,*
> *bis zum Tod am Kreuz.*
> *Darum hat ihn Gott über alle erhöht*
> *und ihm den Namen verliehen,*
> *der größer ist als alle Namen,*
> *damit alle im Himmel, auf der Erde und*
> *unter der Erde*
> *ihre Knie beugen vor dem Namen Jesu*
> *und jeder Mund bekennt:*
> *»Jesus Christus ist der Herr« -*
> *Zur Ehre Gottes des Vaters.* (Phil 2,6–11)

Dieses alte Lied entstand in den ersten zwei Jahrzehnten nach der Kreuzigung Jesu; es ist wesentlich älter als der Philipperbrief, Paulus hat es schon in einer der frühen Gemeinden vorgefunden – dieses alte Lied kennt einerseits die Präexistenz Christi – also die Auffassung, dass er schon immer in der Welt Gottes existiert. Es spricht andererseits den österlichen Glauben an die »Erhöhung« des Gekreuzigten zu Gott aus. Und am Schluss steht das Bekenntnis: *Jesus Christus ist der Herr*, der »Kyrios«, wie es im griechischen Text heißt.

Septuaginta: JHWH wird mit »Herr« übersetzt

Die Septuaginta, die Übersetzung der hebräischen Bibel ins Griechische, erfolgte im 2. Jahrhundert v. Chr., vermutlich in Alexandrien im Nildelta; dort existierte eine große jüdische Gemeinde, die Griechisch sprach. Das Griechische war das Englisch des Altertums und wurde damals im ganzen römischen Reich rund um das Mittelmeer gesprochen. In dieser griechischen Übersetzung ist »Kyrios« die Wiedergabe des hebräischen Gottesnamens JHWH. Klassisches Beispiel dafür ist die Einleitung zu den Zehn Geboten. *Ich bin der Herr, der Kyrios, dein Gott, der dich aus Ägypten geführt hat, aus dem Sklavenhaus* (Ex 20,2). Und dann folgen die einzelnen Gebote. Im hebräischen Urtext steht hier: Ich bin JHWH, dein Gott. In der berühmten Szene vom brennenden Dornbusch wird dieser Gottesname so gedeutet: »Ich werde für euch

da sein« (Ex 3,14). Das klingt wie eine göttliche Liebes-
erklärung: Gott ist für uns da.

Und dieser Gottesname wird im Philipperbrief auf
Jesus übertragen: Jesus Christus ist der Herr. Wieder rückt
Jesus ganz nah an Gott heran.

SPUREN EINER VEREHRUNG JESU

Das ist noch nicht alles. Schon in den ersten 20 Jahren nach
dem Tod Jesu beginnt in den frühen Gemeinden eine Verehrung Jesu, beginnt man zu Jesus zu beten. Auch der Philipperbrief deutet das schon an: *damit alle ihre Knie beugen
vor dem Namen Jesu.* Paulus erzählt im 2. Korintherbrief –
er spricht von einer schweren Erkrankung, die ihn massiv
behindert hat –, er habe den Herrn (den Kyrios) dreimal
um Befreiung davon gebeten (2 Kor 12,8). Vergeblich. *Er
aber antwortete mir: Meine Gnade genügt dir; denn sie
erweist ihre Kraft in der Schwachheit* (2 Kor 12,9). Paulus
erfährt keine Gebetserhörung. Aber er findet einen Weg,
mit seiner Krankheit umzugehen, damit fertigzuwerden.

Derselbe Paulus zitiert im 1. Korintherbrief einen alten
Gebetsruf, und zwar auf Aramäisch, also in der Sprache
Jesu. Wieder ein sehr alter Text: »maranatha«, »Komm,
Herr Jesus!« (1 Kor 16,22; Did 10,6; griech Offb 22,20).
Dieser Ruf stammt aus der Feier des Herrenmahls; die
Gemeinde bittet um das Kommen des Herrn. Marana: »un-
ser Herr« tha: »komm!« Ein sehr alter Gebetsruf, auch aus
dem 1. Jahrhundert!

PRÜFUNG: DAS GEHEIMNIS GOTTES ACHTEN

Ich erinnere mich an eine Prüfung während meines Studiums bei Professor Hermann Volk in der Christologie. Hermann Volk war später Bischof und Kardinal in Mainz. Die erste Frage, die er stellte: In Jesus wird Gott Mensch. Hat sich da etwas in Gott verändert? Ich armes Würstchen saß da, völlig verdattert ... ich fing an zu stottern, so genau könne man das doch gar nicht wissen. Professor Volk setzte nach: Wir sagen, Gott ist unveränderlich. Und dann wird Jesus zu einer bestimmten Stunde der Geschichte Mensch. Da hat sich doch was in Gott verändert. Und ich habe wieder gestottert ... so ging das die ganze Prüfung lang: wir können doch über Gott nicht einfach Bescheid wissen, stotterte ich immer wieder ...

Ich war am Boden zerstört und ging erst einmal im Schlossgarten spazieren. Als ich ins Priesterseminar zurückkam, sagte mir der Direktor, den ich zufällig auf dem Flur traf: Der Volk hat Ihnen eine Eins gegeben. Der Mann hat was verstanden ... Ich war perplex: Volk wollte wissen, ob ich in meiner Prüfungsnot einfach drauflosschwadronieren würde oder ob ich das Geheimnis Gottes achten würde. – Das habe ich nie vergessen.

GRUNDLEGEND: DIE OSTERERFAHRUNG

Grundlegend für die christologische Entwicklung der ersten Jahrzehnte ist die Ostererfahrung, die Überzeugung der frühen Gemeinden: Jesus ist in seinem Sterben in den Machtbereich Gottes zurückgekehrt, in dem er immer schon war. Nur so konnte der Kyrios-Titel bereits so früh auf Jesus übertragen werden. Bei Paulus wird dieser Titel zum häufigsten Christustitel überhaupt: *Keiner kann sagen: Jesus ist der Herr, wenn er nicht aus dem Heiligen Geist redet* (1 Kor 12,3).

Schon in den ersten beiden Jahrzehnten nach dem Tod Jesu beginnt eine Verehrung Jesu. Paulus schreibt im 2. Korintherbrief: Den Ungläubigen strahlt *der Glanz der Heilsbotschaft nicht auf, der Botschaft von der Herrlichkeit Christi, der Gottes Ebenbild ist. Wir verkündigen nämlich nicht uns selbst, sondern Jesus Christus als den Herrn, uns aber als eure Knechte um Jesu willen. Denn Gott, der sprach: Aus Finsternis soll Licht aufleuchten!, er ist in unseren Herzen aufgeleuchtet, damit wir erleuchtet werden zur Erkenntnis des göttlichen Glanzes auf dem Antlitz Christi* (2 Kor 4,4–6). Paulus spricht hier von sich selbst, er tut es wie so oft in der Wir-Form. Er spricht von seiner eigenen Erfahrung der Bekehrung vor Damaskus. Er knüpft dabei an die Schöpfungserzählung in der Genesis an, an Gott, der sprach: *Aus Finsternis soll Licht aufleuchten.* Seine Bekehrung bedeutete das Überwältigtwerden von einer Fülle des Lichts.

Indem Paulus hier »wir« sagt, deutet er an: Die Korinther haben es auch erfahren, in ihrer Bekehrung und Berufung, dass Gott Menschen aus der Dunkelheit ins Licht führt. Gott selbst ist in unserem Herzen aufgestrahlt, *damit wir erleuchtet werden zur Erkenntnis des göttlichen Glanzes auf dem Antlitz Christi.* Der göttliche Glanz auf dem Antlitz Christi: Das ist eine ganz frühe Erfahrung von Christen.

Der Herr

Nun wieder zurück in unsere Realität. Wenn man den alttestamentlichen Gottesnamen JHWH mit »Herr« übersetzt, ergibt sich natürlich eine leichte Sinnverschiebung. Vom Fürsorglichen Gottes zum Herr-Sein Gottes. Gerade feministische Theologinnen machen uns darauf aufmerksam. Die Juden haben aus Ehrfurcht den Gottesnamen JHWH nie ausgesprochen: Wo er im hebräischen Text steht, sagen sie: *adonai,* was schon eher »Herr« bedeutet; daher auch die Übersetzung mit Kyrios in der Septuaginta.

Wer um diese Zusammenhänge weiß, für den bekommt die Rede von Gott eine unverwechselbare, eigene Farbe in ihrer Verbindung von herrschaftlichem Glanz mit ganz persönlicher Zuneigung. Diese Spannung sollte uns nicht verlorengehen. *Jesus Christus ist der Herr.* Würde man das im Sinne einer »Herrschaftsterminologie« hören, wäre man jedenfalls auf dem falschen Dampfer. *Dieser ›Herr‹, der unser Bruder ist, ›bezwingt‹ durch seine Gewaltlosigkeit er ›überwältigt‹ durch die Macht seiner Liebe* (Theodor Schneider).

Empfangen durch den Heiligen Geist, geboren von der Jungfrau Maria

»Wie ein Zigeuner am Rand des Universums«[1]

Der französische Biochemiker und Nobelpreisträger Jacques Monod hat einmal gesagt – als Quintessenz seines Buches »Zufall und Notwenigkeit«: Der Mensch muss *endlich aus seinem tausendjährigen Traum erwachen und seine totale Verlassenheit, seine radikale Fremdheit erkennen. Er weiß nun, dass er seinen Platz wie ein Zigeuner am Rand des Universums hat, das für seine Musik taub ist und gleichgültig gegen seine Hoffnungen, Leiden oder Verbrechen.*

Ich glaube, Monod spricht hier ein Lebensgefühl aus, wie es viele unserer Zeitgenossen erfasst hat, die Angst, dass unser Leben letztlich sinnlos sein könnte, ohne Bedeutung, verloren in der Weite des Alls. Unsere Sehnsucht nach Glück, nach Geborgenheit und Liebe – eine trügerische Illusion. Unser Leben – ein grausamer Zufall, Spiel blinden Geschicks. Die Menschheit – letztlich sich selbst überlassen, ihrem Egoismus, ihrem selbstzerstörerischen Wahnsinn, ihrer Unfähigkeit, die Probleme auf dieser Erde halbwegs anständig zu lösen.

---

[1] Diese Predigt wurde erstmals veröffentlicht in: H. Brosseder / J. Werbick (Hrsg.), Credo. Predigtentwürfe zum Apostolischen Glaubensbekenntnis. »Der Prediger und Katechet« Sonderheft, München (Wewel-Verlag) 1986, S. 78–81 (hier leicht verändert).

»Geboren von der Jungfrau Maria«

Unser Glaubensbekenntnis kann Antwort geben genau auf diese tiefsitzende Angst, in der Welt alleingelassen zu sein, alleingelassen mit unseren Fragen, Einsamkeiten und Ängsten. *Empfangen durch den Heiligen Geist, geboren von der Jungfrau Maria.* Ja, genau das ist damit gemeint: In Jesus von Nazaret tritt Gott selbst in diese verfahrene Geschichte der Menschheit ein. Wir können uns nicht wie einst Münchhausen am eigenen Schopf selbst auf dem Sumpf unserer Probleme herausziehen. Das wäre eine Illusion. Doch Gott überlässt uns nicht unserer eigenen Perspektivlosigkeit. In Jesus kommt er selbst auf uns zu, wird unser Bruder, trägt unser Leid mit, stirbt unseren Tod, lebt uns vor, wie wir menschlich miteinander umgehen können, wie wir selbst in Leid und Verzweiflung aus einem letzten Vertrauen leben können, dass wir getragen sind von Gott.

Geboren von der Jungfrau Maria. In Jesus bietet uns Gott selbst Befreiung an. Befreiung von unserer Schuld, durch die wir unser Glück selbst zerstören, vielleicht sogar diese Welt, seine gute Schöpfung, zerstören könnten. Befreiung aus der Hoffnungslosigkeit, in die eine in sich verschlossene Welt fast notwendig geraten muss, eine Welt, die selbstherrlich glaubt, sie könne sich selbst genügen. Befreiung vom Tod, der alle unsere Lebenspläne eines Tage zunichte machen wird. Eine Hoffnung über Scheitern, Versagen und Sterben hinaus.

Geboren von der Jungfrau Maria. In Jesus beginnt Gott etwas ganz Neues mit der Welt. Die Befreiung kommt nicht von unten, aus der Geschichte der Menschen. Sie kommt ohne unser Zutun von oben, von Gott. Er überlässt uns nicht uns selbst. Er schaut nicht aus unbewegter Ferne der Tragödie der menschlichen Geschichte zu und den vielen kleinen Tragödien unserer ganz persönlichen Geschichte. Nein, er begibt sich selbst in die Dunkelheiten und Widersprüche unserer Welt, um sie brüderlich mit zu durchleiden, um uns zu ermutigen, die schwache Kraft unserer Liebe dagegenzusetzen und zu hoffen, unbeirrbar zu hoffen über allen Tod und alle Zerstörung hinaus.

Geboren von der Jungfrau Maria. Dieser Glaubenssatz von der Menschwerdung Gottes in Jesus ist eine wahre Kostbarkeit. In Jesus von Nazaret tritt Gott selbst in die Geschichte der Menschheit ein. Er selbst verbürgt sich für die Zukunft der Menschen. Er macht durch Jesus deutlich, wie sehr ihm das Schicksal eines jeden Menschen am Herzen liegt.

Eine bildliche Redeweise?

Geboren von der Jungfrau Maria. Viele Christen haben mit diesem Glaubenssatz ihre Schwierigkeiten. Soll man das denn wortwörtlich verstehen? Wir haben doch in den letzten Jahren neu zu sehen gelernt, dass die biblische Sprache oft zu Bildern greift, um bestimmte Aussagen zu veranschaulichen, die ja gar nicht anders sagbar sind als in Bil-

dern und Metaphern. Unsere Aufgabe ist es, diese alten bi-
blischen Bilder auf ihre Aussage hin zu öffnen. Ist das nicht
auch in den Erzählungen von der Jungfrauengeburt bei
Matthäus und Lukas der Fall? Da werden doch uralte biblische Bilder aufgegriffen. *Der Heilige Geist wird über dich
kommen, und die Kraft des Höchsten wird dich überschatten*
(Lk 1,35): das alte biblische Bild von der Wolke, Zeichen der
hilfreichen und doch stets verborgenen Gegenwart Gottes.
Das uralte biblische Motiv von der unerwarteten Geburt,
wo eigentlich nach menschlichem Ermessen ein Kind – und
damit eine Zukunft – nicht mehr zu erwarten war. Müssen
wir nicht viel stärker bedenken, dass wir die Wahrheiten
unseres Glaubens überhaupt nur in Bildern und Gleichnis-
sen erfassen können, *wie in einem Spiegel*, wie der Apostel
Paulus einmal formuliert (1 Kor 13,12)?

Hier, wo es um die Menschwerdung Gottes in Jesus
geht, um das Kommen Gottes selbst in unsere Welt, eines
Gottes, den wir nie adäquat werden begreifen können, dessen Wege höher sind als unsere Wege, dessen Gedanken
höher als unsere Gedanken (Jes 55,8), müssen wir da nicht
von vornherein damit rechnen, dass unsere sprachlichen
Möglichkeiten nicht ausreichen werden, dieses Geheimnis
unseres Glaubens im direkten Zugriff in Worte zu fassen?

Das möchte ich jedenfalls denen zu bedenken geben,
die gerade an diesem Punkt anderen den rechten Glauben
absprechen, wenn sie hier ihre Fragen und Unsicherheiten
äußern. Wenn jemand sagt: »Nach meiner Überzeugung ist
die Aussage von der Jungfrauengeburt bildlich zu verstehen.

Jesus Christus ist Gottes neue Initiative in dieser Welt.« Wenn jemand das sagt, werde ich ihm seinen Glauben nicht absprechen. Wenn umgekehrt jemand sagt: »Nein, wir müssen die wunderbare Zeugung durch den Geist Gottes als ein ganz reales Geschehen verstehen, denn hier steht die Realität der Menschwerdung Gottes auf dem Spiel«, dann nehme ich das ebenso ernst als Äußerung seines Glaubens. Ich maße mir hier kein Urteil an. Und rein menschlich gesagt: Müssen wir das alles denn so genau wissen? Sollten wir nicht damit rechnen, dass einige Überraschungen auf uns warten, wenn wir die Wirklichkeit Gottes nach unserem Tod unverhüllt werden schauen dürfen?

Ob wir es nicht noch viel mehr lernen müssen, einander in der ganz persönlichen Geschichte unseres Glaubens zu akzeptieren? Einander weder zu verketzern noch zu belächeln, sondern die ganz persönliche Art des Glaubens eines anderen zu respektieren, sie als ständige Anfrage an die Reife des eigenen Glaubens zu sehen. Denn mein Glaube muss wachsen, sich entfalten, für neue Einsichten und Erfahrungen offen bleiben. Und er muss sich immer neu am vorgegebenen Glaubensbekenntnis der Kirche messen und sich fragen, ob er das alles schon in seiner Tiefe begriffen und sich zu eigen gemacht hat. Bescheidenheit ist hier gefragt, das bescheidene Eingeständnis der Grenzen unserer Einsicht. Mich stimmt es immer ein bisschen traurig, wenn Christen hier aufeinander losschlagen, mit welchen Waffen auch immer, seien sie nun aus dem progressiven oder dem konservativen Arsenal.

WIR SIND NICHT UNS SELBST ÜBERLASSEN

Ich möchte noch einmal auf die Kernaussage unseres Glaubenssatzes zurücklenken, denn auf die kommt alles an. Gott überlässt uns nicht uns selbst. Das ist der unaufgebbare Kern dieses alten Glaubenssatzes *Geboren von der Jungfrau Maria*. Es geht um das Wunder der Menschwerdung, das Wunder der Gegenwart Gottes in diesem Menschen Jesus von Nazaret. An ihm, an seinem Verhalten, an seiner tiefen Liebe zu den Menschen, an seinem Respekt vor den Schwachen, den Kranken, den Versagern, an ihm wird sichtbar, wer Gott ist, ein menschenfreundlicher Gott, der allen mit seiner Liebe nachgeht. Wer Jesus sieht, sieht den Vater (vgl. Joh 14,9), weiß im Glauben, dass Gott das tiefste Geheimnis der Welt ist und seine Liebe jedem einzelnen Menschen gilt.

Nein, wir sind nicht Zigeuner am Rand eines fühllosen Universums, unser Leben ist nicht eine bedeutungslose Episode; nein, jeder von uns ist in seiner persönlichen Einmaligkeit von Gott angenommen und gewollt. Wir werden nicht eines Tages mit unserer persönlichen Sehnsucht und unseren Träumen spurlos im Nichts verschwinden; nein, Gott verspricht jedem von uns bleibendes, endgültiges Leben, endgültige Geborgenheit.

Darum sollten wir als Christen dem weitverbreiteten Hang zum Fatalismus widerstehen, dieser resignativen Stimmung, die sagt: Wer weiß, ob das gutgehen wird mit unserer Welt? Es kommt ja doch, wie es kommen muss. Und so flüchtet man sich in Verdrossenheit oder Pessimismus oder aber in einen übertriebenen Lebensgenuss – eine fröhliche Spielart der Resignation.

In Jesus wird Gott Mensch. In Jesus hat er uns gezeigt, wie sehr wir ihm am Herzen liegen, wie sehr ihm seine Welt am Herzen liegt. Darum lohnt es sich trotz aller dunklen Wolken, die über unserer Erde hängen, trotz aller Ängste, die uns beschleichen, sich für diese Welt und ihre Zukunft einzusetzen, sich für die Menschen zu engagieren, so wie Jesus es getan hat, unermüdlich, ohne zu resignieren, bis zuletzt, bis in den Tod – nein, bis in die Auferstehung zum endgültigen, befreiten Leben bei Gott.

GELITTEN UNTER PONTIUS PILATUS, GEKREUZIGT, GESTORBEN UND BEGRABEN

DER TOD JESU – KONSEQUENZ SEINER MENSCHWERDUNG

Dass Jesus qualvoll am Kreuz hingerichtet wurde, gehört für mich zu den historisch sichersten Ereignissen der Geschichte Jesu. Wenn Jesus der Bote und Prophet Gottes war, wenn er Gottes Gegenwart unter den Menschen in Person war – wie konnte es Gott dann zulassen, dass Menschen ihn töten konnten? Und das auf eine so entsetzliche Weise! Eine Frage, die sich Christen von Anfang an gestellt haben und mit der sie bis heute nicht fertig geworden sind. Der Tod Jesu konnte doch nicht nur Scheitern bedeuten? Wer ist denn letztlich Herr über Leben und Tod?

Andererseits: Der Tod Jesu ist die letzte Konsequenz seiner Menschwerdung. Jesus hat unsere menschliche Endlichkeit, Hinfälligkeit und Begrenztheit geteilt. Unsere Sterblichkeit und unseren Tod. Allerdings einen fürchterlichen Tod.

DER TOD JESU AM KREUZ – KONSEQUENZ SEINES WIRKENS

Der Tod Jesu ist auch eine Konsequenz seiner Predigt. Er hat einen liebenden Gott gepredigt, dessen Großzügigkeit keine Grenzen kennt. Er ist damit auf breite Zustimmung bei den Menschen gestoßen – aber von Anfang an auch auf

Widerstand, erst unmerklich, dann immer stärker. Dass er scheitern würde, hat er zumindest ahnen müssen, spätestens seit Johannes der Täufer hingerichtet worden war. Schließlich kommt es gegen ihn zum Prozess.

Johannes der Täufer hatte Aufsehen erregt. Flavius Josephus, jüdischer Historiker, gibt als Grund für den Tod des Täufers die große Bewegung der Volksmassen an, die Johannes auslöste. Er schreibt: Herodes fürchtete, *er möchte das Volk zum Aufruhr treiben, und hielt es daher für besser, ihn rechtzeitig aus dem Weg zu räumen.*[1] Josephus dürfte mit dieser Auskunft recht haben. Auch Jesus hatte anfangs die Nähe des Täufers gesucht. Die Wirkung auf die Masse der Menschen in Galiläa war beträchtlich. Als Jesus sich entschloss, nach Jerusalem zu ziehen, war er für die maßgeblichen Kreise kein unbeschriebenes Blatt mehr. Er galt als vorbelastet durch die Konflikte und die Volksaufläufe, mit denen er in Galiläa zu tun hatte.[2]

DER TEMPELPROTEST

Den Tempelprotest Jesu dürfen wir uns nicht zu bombastisch vorstellen. Jesus schwingt keine Peitsche und packt keine Rinder und Schafe bei den Hörnern.[3] Er wendet sich entrüstet gegen einige Geldwechsler und Taubenverkäufer,

---

[1] Jüdische Alterümer 18,116–119.
[2] Joachim Gnilka, Jesus von Nazaret. Botschaft und Geschichte, Freiburg 1990, S. 271–273.
[3] Gnilka, a. a. O., S. 278.

deren Tische und Stühle er umstürzt. Natürlich richtet sich sein Protest nicht gegen diese im Grunde kleinen Leute, er richtet sich gegen die Tempelverwaltung, die diesen Markt eingerichtet hatte (Mk 11,15–19). Jesus identifiziert sich mit dem Tempel, aber er findet diese Geschäftemacherei unwürdig. *Die Hohenpriester und Schriftgelehrten hörten davon und suchten nach einer Möglichkeit, ihn umzubringen* (Mk 11,19).

ZUSAMMENSPIEL VON JÜDISCHEN UND RÖMISCHEN BEHÖRDEN

Die Verhaftung wird vom jüdischen Hohenpriester angeordnet. Judas spielt dabei eine wichtige Rolle. Über seine Motive schweigen sich die Evangelien aus. Enttäuschung über Jesus wird ein mögliches Motiv sein. Die heimliche Festnahme in der Nacht lässt darauf schließen, dass der Hohepriester mit Sympathisanten Jesu unter den Festpilgern rechnen musste.

Jesus wird in einem Zusammenspiel von jüdischen und römischen Instanzen zum Tod verurteilt. Die Römer hatten den Juden einen Teil der Gerichtsbarkeit überlassen. Die Todesstrafe allerdings hatten sie sich selbst vorbehalten. Ihre Zusammenarbeit war schwierig wie ein sehr fein austariertes Mobile. Pilatus und auch der Hohepriester Kajaphas waren sehr lange im Amt. Insofern war ihr Verhältnis zueinander besonders heikel.

Im Johannesevangelium wird versucht, Pilatus von der Verantwortung für den Tod Jesu zu entlasten. Das bedeutet natürlich, dass die jüdische Seite stärker belastet wird. Im Zusammenhang mit dem »Blutruf« in Mt 27,25 *(Sein Blut komme über uns und unsere Kinder)* hat das durch die Jahrhunderte hin dazu geführt, dass die Juden für den Tod Jesu verantwortlich gemacht worden sind – eine tragische Entwicklung mit schrecklichen Folgen – bis in die Gaskammern der Konzentrationslager hinein. An dieser schrecklichen Geschichte haben wir noch lange, sehr lange, zu tragen ...

Erst das Zweite Vatikanische Konzil hat damit aufgeräumt: Die Juden sind *nach dem Zeugnis der Apostel immer noch von Gott geliebt um der Väter willen; sind doch seine Gnadengaben und seine Berufung unwiderruflich ...* man kann *die Ereignisse seines Leidens weder allen damals lebenden Juden ohne Unterschied noch den heutigen Juden zur Last legen.*[4] Wie viel entsetzliches Leid haben die Juden durch die Jahrhunderte von den Christen erfahren – als Christ macht mich das ganz hilflos!

EINE FRAGWÜRDIGE KREUZESTHEOLOGIE

Für viele Christen ist aufgrund einer fast formelhaften »Kreuzestheologie« in den Katechismen der folgende Gedankengang nahezu selbstverständlich geworden: Bei der Wiederherstellung der Ehre des durch die Sünde der Welt beleidigten Gottes kann der unendlich Beleidigte nur

---

[4] Nostra aetate 4.

durch eine unendliche Sühne, nämlich die des Gottmen-
schen, versöhnt werden. Der blutige Kreuzestod Jesu
erscheint so als Ausdruck einer Haltung, die auf einem
genauen Ausgleich zwischen Soll und Haben besteht.[5]

Kein Geringerer als Joseph Ratzinger hat dazu geschrieben: *Von manchen Andachtstexten her drängt sich
dem Bewusstsein dann geradezu die Vorstellung auf, der
christliche Glaube an das Kreuz stelle sich einen Gott vor,
dessen unnachsichtige Gerechtigkeit ein Menschenopfer, das
Opfer seines eigenen Sohnes, verlangt habe. Und man wendet sich mit Schrecken von einer Gerechtigkeit ab, deren
finsterer Zorn die Botschaft von der Liebe unglaubwürdig
macht.*[6]

WIE KOMMEN WIR ZU EINER BESSEREN »KREUZES-
THEOLOGIE«?

1. Ein erster Ansatz wäre: Jesus wird am Kreuz zum Bruder
der vielen Zukurzgekommenen und Gequälten, der vielen
unschuldig Getöteten auf unserer Welt. Er leidet – wie sie –
unschuldig, wider alles Recht. Er gibt ihnen ihre Würde
wieder. Vor allem aber gibt er ihnen ihre zerstörten, abge-
brochenen Leben zurück. Sie dürfen auf Auferstehung hoffen. Im Johannesevangelium, im Prozess vor Pilatus,
erscheint Jesus als der souveräne Herr der Lage. Der eigent-

---

[5] Vgl. Theodor Schneider, Was wir glauben. Eine Auslegung des Apostolischen Glaubensbekenntnisses, Patmos Verlag Düsseldorf 1985, S. 259f.
[6] Einführung in das Christentum, S. 231.

lich »Unwürdige« ist Pilatus! Hier erzählt der Evangelist Johannes von der Würde der Ermordeten. Und die kann ihnen niemand rauben.

Das wird schon in der Szene seiner Gefangennahme deutlich. Die ihn gefangennehmen wollen, fallen zu Boden: Nicht Jesu Würde steht hier auf dem Spiel; die Schergen berauben sich selbst ihrer Menschenwürde, indem sie sich an dem Unschuldigen vergreifen (Joh 18,4–6). Sie können Jesus im Grunde nichts antun. Die Schande fällt auf sie selbst zurück.

Das ist ein bewegender Aspekt der johanneischen Passionserzählung. Auch wenn Jesus Opfer brutaler Gewalt und Willkür wird – seine Würde, die er von Gott her hat, kann ihm niemand rauben. Vielleicht sollten wir daran denken, wenn wir wieder einmal fassungslos vor den Opfern heutiger brutaler Exzesse von Gewalt stehen, etwa dem Vorrücken der Terrorgruppe ISIS im Irak. Sie haben ihre unzerstörbare Würde, die keine irdische Gewalt jemals zerstören kann. Gott wird ihnen – um dieses Jesus willen – ihre geschändete Menschenwürde, ihr zerstörtes Leben zurückgeben.

2. Natürlich bleibt es richtig, zu sagen: Jesus ist für unsere Sünden gestorben. Aber das ist längst nicht der einzige Aspekt. »Sünde« meint auch nicht die kleinen Alltagssünden. Es meint die »schweren« Sünden, die mich total in Frage stellen, unter denen ich unendlich leide, es meint Fehlentwicklungen in meinem Leben, die mich tief beschämen. Nicht einmal die schlimmsten Untaten können Gott davon

abhalten, uns zu lieben, sich uns trotzdem zuzuwenden, die Fragmente unseres Lebens zu einem Ganzen zu fügen.

3. Wenn ich richtig sehe, steht das in der orthodoxen Theologie ganz in der Mitte der Deutung des Todes Jesu, während der Gedanke der Sühne Jesu für unsere Sünden ganz in den Hintergrund tritt. Jesus ist auf solch schreckliche Weise gestorben, weil er in seinem Sterben zum Bruder derer geworden ist, deren Leben man in Kriegen oder aus Habgier, aus ganz niederträchtigen Gründen zerstört hat. Ihnen allen verspricht Gott, ihr Leben aufzufangen, wiederherzustellen – und natürlich uns allen auch. Die Erfahrung von Ostern steht am Ende des Weges Jesu, der Gott, der unbeirrt für das Leben einsteht – bei allen Menschen.

Hinabgestiegen in das Reich des Todes

Auf den Osterikonen der orthodoxen Kirche ist immer wieder die gleiche Szene dargestellt: Der auferstandene Christus kommt in die Unterwelt, ins Totenreich. Die Grabplatten sind zersprengt. Türriegel und Schlösser liegen kreuz und quer in der Gegend herum. Das alles sehen Sie unten auf dem Bild. Es stammt aus dem Chora-Kloster in Istanbul. Gemalt wurde es 1310. Der Hades, der Chef des Totenreiches, liegt gefesselt am Boden, mit einem Strick um den Hals, an den Füßen gefesselt. Und dann das Entscheidende: Der auferstandene Christus zieht zwei Menschen aus ihren Gräbern, Adam und Eva. Wie in der Paradies- und Sündenfallgeschichte der Bibel stehen sie in diesen Bildern für die gesamte Menschheit. Das hebräische Wort »Adam« heißt nichts anderes als »Mensch«. Er ist ein Symbolname! Der Auferstandene hat Adam und Eva fest am Handgelenk gepackt, sein Gewand ist bewegt (auf unserem Bild flattert es hinter ihm her, als käme er geradezu in die Unterwelt gestürmt) – und er zieht die beiden mit sicherer Hand aus

---

[1] Bildchen mit einer Auferstehungsikone sind leicht und preiswert zu besorgen, z. B.: Anastasis, Erlöserkirche Chora/Istanbul 1310, Kunstverlag Ver Sacrum der Schwabenverlag AG, Senefelderstr. 12, 73760 Ostfildern, E-Mail: versacrum@schwabenverlag.de

Anastatis aus dem Chora-Kloster in Istanbul © Wikimedia commons

dem Bereich des Todes heraus. Christus bringt ihnen das Leben, Adam und Eva, der gesamten Menschheit, allen.

GOTT WILL DAS LEBEN – FÜR ALLE

Für mich ist das eines der großartigsten Osterbilder, das ich kenne. Natürlich, wir stellen uns heute die Unterwelt nicht mehr räumlich unten vor. Das sind Vorstellungen einer vergangenen Zeit. Aber mit Hilfe dieser überholten Vorstellungswelt ist eine grandiose Idee dargestellt, die tiefe Überzeugung: Gott will das Leben, nicht den Tod, und zwar für alle Menschen, auch für die, die nie die Chance gehabt haben, von Christus zu hören. Oft sieht man hinter Adam und Eva noch Abel, das erste Opfer menschlichen Mordens, die Könige David und Salomo, Johannes den Täufer und viele andere.

Vor einigen Jahren stand ich auf Zypern völlig fasziniert vor einer Ikone, auf der der Maler (Künstler waren schon immer Querköpfe!) über den Kopf des Abel den Namen »Kain« geschrieben hatte. Er wird gewusst haben, was er da tat. Auch Kain, der Mörder, soll an der Befreiung aus dem Tod Anteil haben.

Hoffnung für alle, Auferstehung für alle, Leben für alle: Das ist die großartige Idee hinter diesen Ikonen. Sie strahlen einen unbändigen gläubigen Optimismus aus, eine unglaubliche Weite christlicher Hoffnung.

ERLÖSUNG FÜR ALLE

Erlösung für alle – ich erlebe immer wieder, wie manche extrem konservative Christen bei diesem Gedanken kalte Füße kriegen: Hoffnung für alle, Erlösung für alle – wo kämen wir denn da hin? Das ist wieder mal so eine der Übertreibungen und ein Auswuchs moderner Theologie. Da wird ja alles eingeebnet. – Doch solche Stimmen haben nicht recht! Diese große Hoffnung, die sich wirklich auf alle Menschen erstreckt, vertreten Christen seit fast 2000 Jahren. Das Bildmotiv vom Abstieg des Auferstandenen in die Unterwelt entstand um 700 in Syrien. Nur ein paar Jahre später taucht es auch in der Kunst der Westkirche auf, in

Rom, in der Kirche S. Maria in Antiqua. In Deutschland hat es unter anderem Meister Bertram von Minden auf seinem berühmten Passionsaltar dargestellt. Der auferstandene Christus mit der Siegesfahne zieht Adam und Eva und viele andere aus dem Rachen des Todes heraus. Dieser Altar entstand um 1400 und steht heute in Hannover.

Doch die Idee selbst ist viel älter; erste Spuren finden sich bereits im NT (1 Petr 3,19). Sie entwickelt sich in der Kirche schon seit dem 2./3. Jahrhundert und ist dann in unser heutiges apostolisches Glaubensbekenntnis eingegangen: *hinabgestiegen in das Reich des Todes*. Genau so ist dieser Satz des Glaubensbekenntnisses gemeint: Der auferstandene Christus befreit alle Toten und zieht sie in sein Leben hinein. Die Wirklichkeit der Auferstehung greift über auf alle. (Der Text des apostolischen Glaubensbekenntnisses hat sich zwischen 200 und 800 entwickelt. Seit 800 existiert es in der Form, in der es heute noch im Gottesdienst gesprochen wird).

Im Ikonenmuseum in Nikosia auf Zypern entdeckte ich eine wunderbare Variante des alten Osterbildes: Ein Maler hatte wieder einmal schräg gedacht und hatte Adam und Eva auf dem Bild kurzerhand einen Heiligenschein verpasst (das gibt es hier und da auch auf anderen Ikonen). Er drückt mit den Mitteln der Malerei seine Überzeugung aus: Adam und Eva, die ganze Menschheit, alle gehören sie zur göttlichen Welt.

AUCH BEI J. S. BACH

Bei Johann Sebastian Bach findet sich am Ende des Weihnachtsoratoriums genau die gleiche Überzeugung in der Kantate zum Fest der Erscheinung des Herrn. Die letzten Worte des Schlusschorals lauten: *Bei Gott hat seine Stelle das menschliche Geschlecht.* Und dann geht die Kantate buchstäblich mit Pauken und Trompeten zu Ende. Die Osterbotschaft ist unglaublich bewegend. Gott wird den Tod überwinden – für alle. Das ist die Botschaft dieses Bildes. Das ist Überzeugung von Christen von allem Anfang an. Das Weihnachtsoratorium von Bach hat das auf unvergleichliche Weise so ausgedrückt:

Tod, Teufel, Sünd und Hölle
sind ganz und gar geschwächt;
bei Gott hat seine Stelle
das menschliche Geschlecht.

Das ist natürlich die Sprache und Vorstellungswelt des 18. Jahrhunderts, uns heute ziemlich fremd geworden. Hören wir aber heraus, was uns diese altertümliche Sprache vermitteln will: All das, was unser Leben zerstören könnte, was es bedroht, was uns Angst macht – er hat es endgültig überwunden. Nichts, aber auch gar nichts, vermag uns von Gott zu trennen.

Wir sind nicht zum Sterben geboren, sondern zum Leben. Wir werden am Ende nicht sinnlos sterben, denn der Auferstandene wird auch uns aus dem Rachen des Todes befreien. Wir werden nicht ewig und unentrinnbar in unser Versagen verstrickt bleiben, mit unserer Lebensschuld behaftet sein. Wir werden nie endgültig scheitern – weil er dasteht und uns mit starker Hand aus all dem befreit. Wir dürfen darauf hoffen, dass er am Ende auch das Böse besiegen und verwandeln wird. Ich sage bewusst: Hoffen, nicht wissen! Denn leichtfertig damit kalkulieren können und dürfen wir nicht!

URMENSCHLICHE SEHNSUCHT

Manchmal frage ich mich – und die Frage stürzt mich für Augenblicke in tiefes Erschrecken –: Machst du dir da nicht selbst was vor? Ist das nicht reichlich egoistisch? Solltest du dich mit deinen Hoffnungen nicht bescheiden?

Dann helfen mir diese alten Bilder mit ihrer großartigen Glaubenssausage weiter. Viele Menschen vor mir haben das geglaubt, haben sich daran gehalten und darin Halt gefunden – ist das nichts? Wo immer Menschen gelebt haben und leben, finden sich Spuren von Religion, von Sinnsuche. Kann man das alles einfach abtun als vorwissenschaftliche Welterklärung, wie es oft geschieht? Ich persönlich halte es für geradezu oberflächlich, religiöses Suchen so leichthin abzutun.

Anfang 2001 stand ein Artikel in der »Zeit«, der so schließt: *Die Kirche ... hält gegenwärtig, was sonst im ewigen Jetzt der Konsum- und Spaßgesellschaft verdrängt wird.*

Mitten hinein in die Verheißungen von Jugend, Gesundheit und Glück, die den Bio-Tech-Boom treiben, spricht das Christentum vom Leiden, das zum Dasein gehört, sogar einen Sinn haben mag. Niemand muss auf diese Stimme hören. Doch ohne sie würde auch die Welt der Ungläubigen auswegloser, enger. Die Antworten der Religion dürfen in der freien Gesellschaft keine allgemeine Geltung beanspruchen. Aber ihre Fragen können wir nur zu unserem Schaden als gegenstandslos bezeichnen.[2]

Ich persönlich setze auf Sinn – gegen alle Zweifel, die mir hier und da (natürlich!) kommen. Ich hoffe darauf, dass die Botschaft recht hat, die uns aus diesen alten Bildern erreicht: Euer Leben wird am Ende nicht vergeblich sein. Ihr könnt gar nicht groß genug von euch denken. Euer Leben ist zu etwas gut! Ihr selbst seid zu etwas gut – trotz Versagens und Scheiterns, trotz aller misslungenen Pläne, trotz aller verschütteten Hoffnungen. Darauf dürft ihr setzen. Am Ende steht nicht der Tod, die endgültige Vernichtung, sondern das Leben – Leben in Fülle!

---

[2] Jan Ross, »Die Zeit«, 15. März 2001.

Am dritten Tage
auferstanden von den Toten

Die Auferstehung Jesu aus dem Tod ist alles andere als selbstverständlich. Wie kommen wir überhaupt darauf? Wenn wir historisch nachfragen wollen, sind die Briefe des Apostels Paulus ganz wichtig. Denn diese Briefe sind die ältesten Schriften des Neuen Testaments. Sie entstanden bereits 20 Jahre nach dem Tod Jesu und noch einmal 20 Jahre (und mehr) vor den vier Evangelien. Deswegen sind sie für eine Rückfrage nach dem, was damals geschehen ist, besonders wichtig. Sie werden vielleicht erstaunt sein, wenn Sie erfahren: Schon damals, in einer Gemeinde des Paulus, gab es eine Diskussion um die Auferstehung Jesu und die Auferstehung der Toten überhaupt!

20 Jahre nach dem Tod Jesu am Kreuz gab es in der Hafenstadt Korinth eine kleine christliche Gemeinde. Paulus hatte sie in den Jahren 50/51 gegründet. Etwa eineinhalb Jahre hatte er in Korinth verbracht. Bald nach seinem Weggang brachen in der Gemeinde große Streitigkeiten aus, nicht nur persönlicher Art, sondern auch über Grundfragen des Glaubens. So gab es in der Gemeinde eine kleine Gruppe von Christen, die überzeugt waren: Eine Auferstehung der Toten gibt es nicht. Wir wissen das aus dem 1. Korintherbrief, den Paulus im Frühjahr 55 von Ephesus aus

nach Korinth geschrieben hat. In 1 Kor 15,12 lesen wir: *Wenn aber verkündigt wird, dass Christus von den Toten auferweckt worden ist, wie können dann einige von euch sagen: Eine Auferstehung der Toten gibt es nicht?*

Der Kern des Glaubens

Diese Leute hatten sich als Erwachsene taufen lassen, kamen in Korinth zum Gottesdienst, nahmen am Abendmahl teil, fühlten sich als Christen, glaubten an Gott und sagten zugleich: Eine Auferstehung der Toten gibt es nicht. Hand aufs Herz – wie denken Sie darüber? Sollten Sie eher Zweifel haben, stünden Sie keinesfalls allein. Meinungsumfragen in den letzten Jahren haben immer wieder ergeben, dass auch bei Christen, die sich als gläubig bezeichnen und regelmäßig zum Gottesdienst gehen, die Zweifel in dieser Sache groß sind. Ein Leben nach dem Tod? – wohl eher nicht. So denken viele. Übrigens auch viele ältere Menschen.

Zurück zu Paulus. Er ist einigermaßen irritiert. Denn für ihn steht ein entscheidender Punkt christlichen Glaubens zur Debatte: *Wenn es keine Auferstehung der Toten gibt, ist auch Christus nicht auferweckt worden. Ist aber Christus nicht auferweckt worden, dann ist unsere Verkündigung leer und euer Glaube sinnlos* (1 Kor 15,13f). Für Paulus steht hier der Kern des Glaubens auf dem Prüfstand, ganz ohne Frage. Doch eines tut er überraschenderweise nicht. Er gibt den Korinthern keineswegs die Anweisung, die Auferstehungsleugner aus der Gemeinde auszuschließen. Er versucht, sie mit Argumenten zu überzeugen. Das ganze 15. Kapitel des 1. Korintherbriefes ist ein Zeugnis solcher Argumentationsarbeit.

DAS ÄLTESTE CHRISTLICHE GLAUBENSBEKENNTNIS

Paulus erinnert die Christen in Korinth an das, was er ihnen als wesentlichen Inhalt christlichen Glaubens vermittelt hatte: *Ich erinnere euch, Brüder, an das Evangelium, das ich euch verkündet habe. Ihr habt es angenommen; es ist der Grund, auf dem ihr steht* (1 Kor 15,1). Was Paulus im Folgenden sagen wird, ist also der wesentliche Inhalt dessen, was er den Korinthern bei seinem ersten Aufenthalt in der Gemeinde in den Jahren 50/51 gepredigt hatte. Ausdrücklich betont er, dass er diese Überlieferung selbst schon von anderen übernommen hat:

> *Denn vor allem habe ich euch überliefert,*
> *was auch ich empfangen habe:*
> *Christus ist für unsere Sünden gestorben,*
> *gemäß der Schrift,*
> *und ist begraben worden.*
> *Er ist am dritten Tag auferweckt worden,*
> *gemäß der Schrift,*
> *und erschien dem Kephas, dann den Zwölf.*
> (1 Kor 15,3–5)

Ihr habt es angenommen – was auch ich empfangen habe:
Die beiden Verben stammen aus der jüdischen Traditions-
sprache. Sie bezeichnen die Überlieferung und Weitergabe
des Glaubens. Die Worte *gestorben – begraben – auferweckt – erschienen* rufen vielleicht eine Assoziation wach.
Hier begegnet uns das älteste christliche Glaubensbekenntnis, das wir kennen! Paulus hat es selbst schon übernommen. Es ist also wesentlich älter als der 1. Korintherbrief.
Es hebt sich durch seine strenge Formulierung deutlich aus
dem Zusammenhang heraus. Es unterscheidet sich in seiner
Sprache von sonstigen Texten bei Paulus. Ungewöhnlich für
Paulus sind die Ausdrücke *gemäß der Schrift, am dritten
Tag, er erschien, die Zwölf.* Der Apostel hat dieses Bekenntnis kurz nach seiner Bekehrung in einer christlichen
Gemeinde so kennengelernt. Die heutige Bibelwissenschaft
ist sich einig, dass es spätestens um das Jahr 40 entstanden
sein muss.

Wir haben hier (dank der Auferstehungsleugner in
Korinth) einen sehr alten Text vor uns, der etwa zehn Jahre
nach der Kreuzigung Jesu entstanden ist. Paulus hat dieses
kurze Glaubensbekenntnis nach seiner Bekehrung kennengelernt. Er führt es in seinem 1. Korintherbrief an, um den
Leuten in Korinth, die eine Auferstehung der Toten leugnen, den Wind aus den Segeln zu nehmen. Er will ihnen
deutlich machen, dass sie damit die entscheidende Mitte
christlichen Glaubens bestreiten.

Wechsel in der Zeitform

Was in der Einheitsübersetzung leider nicht zu hören ist, ist der Wechsel in der Zeitform, den das Glaubensbekenntnis hier vornimmt: Christus starb, er wurde begraben, *er ist auferweckt worden,* er erschien. Die Auferweckungsaussage steht im Perfekt, die drei anderen im Aorist. Sterben, Begrabenwerden und Erscheinen sind geschichtlich verifizierbar. Demgegenüber steht »er ist auferweckt worden«; Auferweckung meint einen zeitenthobenen Zustand, es geht um die gegenwärtige Anwesenheit des Auferweckten.

Er ist auferweckt worden: Das steht hier überdies im Passiv. Das heißt: Gott hat ihn auferweckt. Das Tun Gottes wird im Passiv umschrieben; Gott hat am Gekreuzigten gehandelt. Gott hat ihn in sein Leben geholt. Die Auferweckungsaussage gehört nicht mehr zur beschreibenden Sprache. Es ist deutende Sprache. Sie hat nicht einen Jesus zum Inhalt, der wieder ins Leben zurückgekehrt ist. Er ist von Gott in die himmlische Welt auferweckt worden. Das haben Menschen formuliert, die viel von Theologie verstanden haben.

Zeugen des Auferweckungsglaubens ...

Paulus führt dann eine regelrechte Liste von Zeugen an, denen Jesus nach seinem Tod als der Lebendige erschienen ist: *... und erschien dem Kephas, dann den Zwölf. Danach erschien er mehr als 500 Brüdern zugleich; die meisten von ihnen sind noch am Leben, einige sind entschlafen. Danach* *erschien er dem Jakobus, dann allen Aposteln. Als letztem von allen erschien er auch mir, dem Unerwarteten, der ›Missgeburt‹. Denn ich bin der geringste von den Aposteln; ich bin nicht wert, Apostel genannt zu werden, weil ich die Kirche Gottes verfolgt habe* (1 Kor 15,5 – 9).

Paulus legt großen Wert auf die Feststellung, dass (zur Zeit der Abfassung seines Briefes) die meisten Auferstehungszeugen noch leben. Er will den Korinthern damit offensichtlich sagen: Die meisten dieser Leute könntet ihr noch befragen, ihr könntet ihr Zeugnis auf seine Glaubwürdigkeit hin überprüfen.

… AUCH PAULUS SELBST

Am Schluss verweist Paulus auf seine eigene Bekehrung. Er versteht sie als eine Erscheinung des Auferstandenen. Diese Berufungserfahrung vor Damaskus (vgl. Gal 1,12.15f; Apg 9,1 – 9) ist das entscheidende Ereignis in seinem Leben gewesen, das ihn völlig aus seiner bisherigen Lebensbahn geworfen hatte. Sie war ein Wendepunkt, der seinem Leben eine völlig neue Richtung gab. Aus dem gnadenlosen Verfolger der christlichen Gemeinde wird der Apostel, der unermüdlich durch die halbe damals bekannte Welt zieht, um unter unglaublichen Mühen und Strapazen das Evangelium von Jesus zu verbreiten. Dieser Text ist insofern wichtig, als er der einzige »Selbstbericht« im ganzen Neuen Testament ist, in dem Paulus von sich behauptet, dass ihm der Gekreuzigte als der Lebendige erschienen ist.

Paulus ist sich sehr bewusst, dass er eigentlich gar nicht in die Reihe der übrigen Erscheinungszeugen passt. Er bezeichnet sich als Missgeburt, als den geringsten der Apostel, nicht wert, Apostel genannt zu werden, *weil ich die Kirche Gottes verfolgt habe.* Doch seinem Defizit wird im scharfen Gegensatz V. 10 gegenübergestellt: *Doch durch Gottes Gnade bin ich, was ich bin, und sein gnädiges Handeln an mir ist nicht ohne Wirkung geblieben. Mehr als sie alle habe ich mich abgemüht – nicht ich, sondern die Gnade Gottes zusammen mit mir* (1 Kor 15,10). Hier wird auch deutlich, dass seine spätere Rechtfertigungslehre in der Erfahrung vor Damaskus ihre biographische Grundlage hat. Paulus ist zutiefst überzeugt: Dass ich in dieser Erfahrung des auferstandenen Jesus zum Glauben an ihn gefunden habe, ist nicht mein Verdienst. Das verdanke ich ganz und gar der Gnade, dem Wohlwollen, dem Entgegenkommen Gottes.

SICHERER GESCHICHTLICHER BODEN

Halten wir fest: Paulus hat im Frühjahr 55 aus Ephesus an die Gemeinde in Korinth geschrieben. Er erinnert in seinem 1. Korintherbrief an das, was er vier Jahre zuvor selbst in Korinth gepredigt hatte. Er zitiert dabei ein Glaubensbekenntnis, das wesentlich älter ist und in die Zeit um 40 n. Chr. zurückreicht. In diesem Glaubensbekenntnis wird als wesentlicher Inhalt des Glaubens der frühen Gemeinden festgehalten, dass der gekreuzigte Jesus von den Toten auf-

erweckt wurde und einer Reihe von Zeugen erschienen ist.
Hier sind wir auf geschichtlich ganz gesichertem Boden.
Um 40 n. Chr. gehört der Glaube an die Auferweckung
Jesu aus dem Tod zum entscheidenden Kern des Glaubens
der frühen christlichen Gemeinden. Das ist geschichtlich
gesicherte Tatsache: Die frühen Gemeinden haben an die
Auferweckung Jesu geglaubt. Das ist für sie das Zentrum
ihres Glaubens. Und sie nennen die Menschen mit Namen,
denen sich der Auferweckte nach seinem Tod als der Lebendige erwiesen hat.

DIE FRAUEN FEHLEN

Dass unter den vielen Namen die Frauen fehlen – zumindest
Maria von Magdala, der Jesus im Johannesevangelium als
Erster erscheint (Joh 20,1–2.11–18), und die Frauen, die
vom Grab Jesu kommen und denen im Matthäusevangelium
die erste Erscheinung Jesu zuteil wird (Mt 28,9f), hängt
kaum damit zusammen, dass Paulus ein großer Frauenfeind
gewesen wäre. Das war er keineswegs. Er hatte in seinem
Missionsteam sehr viele Frauen. Es hängt damit zusammen,
dass Paulus natürlich die ersten Erfahrungen der Jüngerin-
nen und Jünger nach Ostern noch nicht miterlebt hat. Aber
er ist der Erste im Neuen Testament, der über die Auferstehung Jesu schreibt. Und die ist für ihn die Mitte seines
Glaubens.

WAS LÄSST SICH BEWEISEN – WAS NICHT?

Eines müssen wir hinzufügen: Die Auferstehung Jesu selbst ist damit nicht »bewiesen«. Denn hier findet ein Übergang statt aus unserer Zeit in die Ewigkeit Gottes. Und doch ist dieser Text für uns unendlich wichtig, ein sehr alter Text, der zeigt: Christen haben von allem Anfang an an die Auferweckung Jesu aus dem Tod *geglaubt*. Das beweist dieser alte Text. Und das war für sie die Mitte, das Wichtigste an ihrem Glauben. Wir müssen allerdings auf eine Grenze dieses Textes (und aller menschlichen Sprache) hinweisen: Die Auferweckung Jesu selbst kann er nicht beweisen. Sie ist Sache des Glaubens.

Aufgefahren in den Himmel

Verlegenheiten …[1]

»Aufgefahren in den Himmel« – bei vielen Älteren unter uns sind ganz seltsame Vorstellungen hängengeblieben. Im »Grünen Katechismus« von 1955 – er galt damals als hochmodern, auch ich habe noch daraus unterrichten müssen – heißt es in einem Merksatz: *Nach seiner Auferstehung blieb Jesus noch vierzig Tage auf Erden. Am vierzigsten Tage ist er aus eigener Kraft in den Himmel aufgefahren.* Wie eine Rakete! Dieser Satz ist mehr als merkwürdig. Ich kann gar nichts damit anfangen. Darum habe ich letzte Woche den Evangelisten Lukas um ein Interview gebeten. Denn Lukas war es, der auch die Apostelgeschichte geschrieben hat, als Fortsetzung des Lukasevangeliums (*Im ersten Buch, lieber Theophilus …*, Apg 1,1).

Ein Interview mit Lukas

Ortkemper (O): Ja, wie soll ich dich anreden, lieber Lukas?

Lukas (L): So war das schon ganz gut. Aber ich muss sagen, ihr heutigen Menschen seid manchmal etwas seltsam.

---

[1] Zuerst veröffentlicht in »Der Prediger und Katechet«, hier verändert und ergänzt.

Ihr versteht meine Texte gar nicht mehr. Ihr lest sie ja so, als hätte ich eine Reportage geschrieben. Merkt ihr gar nicht, dass ich in Bildern und Metaphern rede? Wenn ich in meiner Apostelgeschichte von 40 Tagen spreche, so meine ich damit kein Datum, keine Zeitspanne. Die Zahl 40 ist eine uralte heilige Zahl! 40 Jahre ist Israel in der Wüste unterwegs, 40 Tage und Nächte wandert der Prophet Elija bis zum Gottesberg Horeb. 40 Tage fastet Jesus. 40 Tage, das meint in der Bibel eine besonders herausgehobene, heilige Zeit. Eine Zeit, in der die Freundinnen und Freunde Jesu besonders intensiv erfahren haben: Er lebt bei Gott! Aber schildern lässt sich dieses neue Leben nicht.

O: Und die Wolke?

L: Wenn ich von der Wolke erzähle, die Jesus den Blicken der Jünger entzieht – die Wolke ist hier ein Symbol für die geheimnisvolle, unsichtbare Nähe Gottes. Ihr kennt die Erzählung von der Errettung Israels am Schilfmeer und von seinem Zug durch die Wüste. Dort ist die Wolke ein Symbol für Gott selbst, der da ist, der uns Menschen begleitet und der doch für uns oft rätselhaft und dunkel bleibt. Den wir nicht durchschauen *können*. Für euch in eurem regenreichen Deutschland sind Wolken oft lästig. Bei uns im Mittelmeerraum war das anders. Die Wolke spendete Regen, Fruchtbarkeit, Gedeihen – sie war ein sehr positives Symbol!

O: Du hast also in deiner Apostelgeschichte etwas ganz Wichtiges ausdrücken wollen.

L: Ja. Ich wollte sagen: Der auferstandene Jesus lebt in der uns Menschen unsichtbaren Wirklichkeit Gottes, in jenem ganz anderen, neuen Leben bei Gott. Wie anders hätte ich davon sprechen können, als dass ich zu Bildern und Metaphern greife. Aber dass ihr aus meinen symbolischen Aussagen solche merkwürdigen Sätze macht wie in eurem alten Katechismus – das wundert mich schon sehr!

O: Ja, wo war Jesus denn nun nach seiner Auferstehung?

L: Das sollte dir als Theologen doch klar sein! In der Apostelgeschichte erzähle ich die letzte Erscheinung des Auferstandenen vor seinen Jüngern. Er erscheint ihnen schon vom Himmel her. In meinem Evangelium sagt der sterbende Jesus zu dem Verbrecher neben sich am Kreuz: »Heute noch wirst du mit mir im Paradies sein« (Lk 23,43). Heute noch. Das Sterben Jesu am Kreuz, dieses dunkle Ereignis, hat noch eine andere, helle Seite: die Auferstehung.

Stopp, Stopp, ich will hier noch etwas sagen. Wenn ihr meinem Evangelium gerade aufmerksam zugehört habt, müsste euch aufgefallen sein. Im Evangelium erzähle ich die Himmelfahrt am Ostersonntagabend. In der Apostelgeschichte 40 Tage später. Das war für mich gar keine Schwierigkeit. Und es müsste doch für euch heute eine Glaubenshilfe sein: Jesus ist in seinem Sterben zu Gott gegangen, in Gottes Transzendenz ist sein ganz anderes Leben aufgenommen worden.

O: Aber wie ist das denn mit den drei Tagen? Wir sagen in unserem Glaubensbekenntnis: »am dritten Tage auferstanden von den Toten«.

L: Da muss ich dasselbe sagen wie vorhin. Die drei Tage meinen kein Datum, keine Zeitspanne. Im Alten Testament ist der dritte Tag oft der Tag, an dem Gott nach einer bitteren Not endlich rettend eingreift. Übrigens hat Karl Lehmann, früherer Vorsitzender eurer Bischofskonferenz, darüber ein kluges Buch geschrieben.[2] Nur drei Beispiele. Beim Propheten Hosea 6,1f: »Kommt, wir kehren zum Herrn zurück! ... Denn er hat verwundet, er wird auch verbinden ... am dritten Tag richtet er uns wieder auf.« In der Geschichte von Josef und seinen Brüdern: »Am dritten Tag sagte Josef zu ihnen: Tut Folgendes, und ihr werdet am Leben bleiben« (Gen 42,18). Ex 15,22 lesen wir: »Drei Tage waren sie in der Wüste unterwegs und fanden kein Wasser ... « Und dann geschieht die Rettung!

O: Und dass Jesus vor den Augen seiner Freunde emporgehoben wird in den Himmel, das klingt doch so, als ob du dir den Himmel »oben« vorgestellt hast.

L: Quatsch! Wenn ich vom Himmel »oben« spreche, will ich damit andeuten, wie sehr Gott uns überlegen ist. Wir können ihn von uns aus nicht erreichen – und doch ist er uns ganz nah und uns in Liebe zugetan. Übrigens: Das Wort »Quatsch« kannst du aus dem Interview streichen.

O: Nein, nein, ich finde es richtig, dass du dich darüber aufgeregt hast.

– Soweit der Evangelist Lukas.

---

[2] Auferweckt am dritten Tag nach der Schrift. Früheste Christologie, Bekenntnisbildung und Schriftauslegung im Lichte von 1 Kor 15,3–5 (Quaestiones diputatae Band 38, Freiburg [2]1969).

HIMMELFAHRT: EIN ANDERER ASPEKT VON OSTERN

Es ist von allem Anfang an die Überzeugung der Christen gewesen: Jesus lebt seit seiner Auferstehung im Himmel, in der ganz anderen Wirklichkeit Gottes, die keinen Tod mehr kennt. Doch warum feiern wir dann noch das Fest »Christi Himmelfahrt«? Da würde ja das Osterfest genügen.

Das würde es tatsächlich. Wir feiern an Ostern und an Himmelfahrt im Grunde ein und dasselbe Ereignis. Aber wir feiern es unter zwei ganz verschiedenen Gesichtspunkten. Ostern feiern wir den Sieg Jesu über den Tod. Der Tod hat nicht das letzte Wort, nicht in seinem, nicht in unserem Leben. Der Tod, dieser fürchterliche Schrecken, der uns allen blüht, der uns Angst macht, uns lähmt, der Tod wird von Gott ins Leben hinein überwunden ... Am Himmelfahrtsfest feiern wir die andere Seite von Ostern: Der Auferstandene lebt im Himmel, in der ganz anderen Welt Gottes. An Himmelfahrt blicken wir dahin, wohin wir selbst unterwegs sind: uns allen ist der Himmel verheißen.

Die Vielstimmigkeit der Erscheinungserzählungen im Neuen Testament ist für mich geradezu eine Glaubenshilfe. Es zeigt sich nämlich: Diese Traditionen sind völlig unabhängig voneinander entstanden, in ganz unterschiedlichen Gemeinden des Römischen Reiches, die ja damals noch nicht per Internet miteinander kommunizieren konnten. Und doch stimmen diese vielstimmigen Traditionen in einem überein: in der tiefen Überzeugung, dass der gekreuzigte Jesus in der Sphäre Gottes, in der Domäne Gottes lebt, in unmittelbarer Nähe Gottes. Und das versuchen diese Texte in unterschiedlichsten Bildern und Metaphern in Worte zu fassen.

DER GRUND DES AUFERSTEHUNGSGLAUBENS

Aus den Evangelien geht mit großer Eindeutigkeit hervor, dass die Jünger Jesu bei seinem Sterben nicht gerade eine heldenhafte Figur gemacht haben. Sein Tod am Kreuz war für sie der Zusammenbruch aller ihrer Hoffnungen. Alle Evangelisten erzählen uns, wie die Jünger bei der Verhaftung Jesu in alle Himmelsrichtungen zerstoben sind. Manche von ihnen erzählen, sie seien nach Galiläa zurückgekehrt zu ihrer alten Arbeit. Alle Wahrscheinlichkeit spricht dafür, dass es genau so gewesen ist. Für diese Leute war die Sache mit Jesus abgeschlossen, aus, vorbei.

Und dieselben Leute, die so feige weggelaufen waren, fangen auf einmal an, von diesem Jesus zu predigen mit einer Unerschrockenheit ohnegleichen. Sie setzen ihr Leben dafür aufs Spiel. Was ist in ihnen vorgegangen? Was hat diesen Umschwung bewirkt? Dazwischen muss ja etwas passiert sein, zwischen der Lähmung des Karfreitags und der Predigt von Ostern, etwas, das diesen Umschwung verständlich macht. Alle neutestamentlichen Zeugnisse, gerade auch die ältesten, sagen eindeutig und übereinstimmend: Der gekreuzigte Jesus ist uns als Lebendiger erschienen. Wir haben *ihn* erfahren. Man kann den Texten noch anmerken, dass sie das keineswegs erwartet hatten, wie sehr sie das geradezu umgeworfen hat. Darin stimmen sie alle überein.

Aber wenn sie uns davon erzählen, fangen sie an zu stammeln, greifen sie nach Bildern, und das kann gar nicht anders sein. Sie versuchen, das Unsagbare zu sagen, sie versuchen, die erschütternde Erfahrung in Worte zu fassen, dass hier Gott selbst in unser todverfallenes Leben eingegriffen hat, rettend, den Tod überwindend.

Ich kaufe ihnen das ab. Weil sie dieses Zeugnis mit dem Tod besiegelt haben, fast alle. Und ich glaube es ihnen, weil es einer Frage entspricht, die tief in mir drinsitzt: Was wird mit mir im Tod, was wird mit uns im Tod? Und weil es einer Hoffnung entspricht, die sich zäh in mir eingenistet hat, es möge nicht eines Tages alles endgültig zu Ende sein, nicht mit mir, nicht mit den anderen. Am Ende unseres Lebens wird nicht die Niederlage des Todes stehen, sondern der Sieg Gottes. Sein Leben.

Sitzt du da nicht einer Illusion auf? Ist da nicht der Wunsch der Vater des Gedankens?, wird vielleicht mancher denken. Ich möchte mit einer Gegenfrage antworten: Diese tiefe Sehnsucht, die in uns allen steckt, die Sehnsucht, dass doch etwas von unserem Leben und unseren Beziehungen bleiben möge – könnte sie nicht ebenso gut auf Richtiges verweisen? Darauf nämlich, dass hier die tiefste Wahrheit über unser Leben liegt? Genau darauf setze ich.

Ich möchte mit einem Gedicht von Marie-Luise Kaschnitz schließen:

Nicht mutig

Die Mutigen wissen
Dass sie nicht auferstehen
Dass kein Fleisch um sie wächst
Am jüngsten Morgen
Dass sie nichts mehr erinnern
Niemandem wiederbegegnen
Dass nichts ihrer wartet
Keine Seligkeit
Keine Folter

Ich
Bin nicht mutig.[3]

---

[3] Marie-Luise Kaschnitz, aus: Kein Zauberspruch. Gedichte, Insel Verlag, Frankfurt am Main 1972, S. 57. © Suhrkamp Verlag, Frankfurt am Main.

Er sitzt zur Rechten Gottes, des allmächtigen Vaters

Ein neues Bild

Jesus sitzt zur Rechten Gottes – eine uns etwas fremde, orientalische Bildersprache. Aber eines ist klar: Im Zusammenhang des Credo wird hier die Auferweckung und Himmelfahrt Jesu gedeutet als endgültiges Eingehen Jesu in die umfassende Lebendigkeit Gottes. Seine Himmelfahrt bedeutet gerade nicht seine Entfernung von uns, sondern seine neue Gegenwart und Nähe. Wie wenig eine räumliche Anwesenheit schon persönliche Nähe und Zuwendung garantiert, wer wüsste das nicht! Andererseits können Menschen es fertigbringen, bei räumlicher Trennung dennoch eine starke innere Verbundenheit zu leben.

Er sitzt zur Rechten Gottes, das heißt auch: Er schenkt uns nach wie vor seine Nähe. So, wie wir von Gott glauben, dass er uns nahe ist, überall, so glauben wir es auch von Jesus. *Er sitzt zur Rechten Gottes.* In der alten Welt war der Platz zur Rechten des Herrschers der zweitwichtigsten Persönlichkeit im Reich vorbehalten. Etwas salopp und in heutiger Sprache gesagt: »Rechts vom Firmenchef sitzt sein Schwiegersohn, der zugleich Geschäftsteilhaber und Handlungsbevollmächtigter ist.« Der Platz zur Rechten ist der Ehrenplatz.

DER EPHESERBRIEF

Im Römerbrief lesen wir: *Christus Jesus, der gestorben ist, mehr noch: der auferweckt worden ist, sitzt zur Rechten Gottes und tritt für uns ein* (Röm 8,34). Er ist einer von uns, der Erste von uns, der für uns den Weg zu Gott eröffnet hat. Er tritt für uns ein, so heißt es ausdrücklich: Er steht ganz auf unserer Seite. Er setzt sich für uns ein. Im Epheserbrief lesen wir: Gott hat seine Kraft und Stärke *an Christus erwiesen, den er von den Toten auferweckt und im Himmel auf den Platz zu seiner Rechten erhoben hat, hoch über alle Fürsten und Gewalten, Mächte und Herrschaften und über jeden Namen, der nicht nur in dieser Welt, sondern auch in der zukünftigen genannt wird. Alles hat er ihm zu Füßen gelegt* (Eph 1,20–22). Hebt der Epheserbrief hier vom Boden ab? Der Lobpreis am Anfang des Briefes will sagen: Die Welt ist nicht dunkel und heillos; bereits jetzt sind die Mächte unterworfen. Aber der Verfasser verfällt nicht in einen voreiligen Triumphalismus.

In Eph 6,11–13a, einem Text, der mit dem eben gehörten in einer gewissen Spannung steht, heißt es: *Zieht die Rüstung Gottes an, damit ihr den listigen Anschlägen des Teufels widerstehen könnt. Denn wir haben nicht gegen Menschen aus Fleisch und Blut zu kämpfen, sondern gegen die Fürsten und Gewalten, gegen die Beherrscher dieser finsteren Welt … Darum legt die Rüstung Gottes an.* In unterschiedlichen Bildern werden die Mächte genannt, die uns entgegenstehen, widerständig, oft auch erschreckend.

Diese Spannung ist nicht auflösbar, auch für uns heute nicht. Einerseits ist der Auferstandene schon im Himmel, im Bereich Gottes; er hat, bildlich gesprochen, schon zu seiner Rechten Platz genommen, ihm sind die bösen unheimlichen Mächte schon zu Füßen gelegt. Aber andererseits sind sie in dieser Welt noch wirksam, sind nach wie vor entsetzlich und undurchschaubar.

Gegen all das bekennen wir im Credo, dass der gekreuzigte Jesus jetzt zur Rechten Gottes sitzt, in gottgleicher Stellung ist, dass die bösen Mächte und menschenfeindlichen Tendenzen zwar noch da sind, aber ihm – und uns – letztlich nichts anhaben können; ein Satz, den man nicht einfach mit einer ungebrochenen Selbstverständlichkeit sagen kann. Es bleiben zu viele Fragen offen. Für uns, die wir noch auf dem Weg sind, eröffnet sich hier zwar eine Hoffnung, aber viele Fragen bleiben. Das müssen wir schlicht zugeben.

SPRACHE DER MACHT?

Er sitzt zur Rechten Gottes ... Gibt es unter uns nicht eine erhebliche Skepsis gegenüber solcher machtvoller Terminologie? Die Wörter »Macht« und »Herrschaft« sind leicht missverständlich, wohl auch weithin negativ besetzt. Die Herrschaft, um die es hier geht, ist die Herrschaft des demütig liebenden Jesus, der in seiner Gewaltlosigkeit für uns in den Tod ging. Sein Reich ist kein Reich der Disziplinierung, des strafenden Zwanges. Obwohl es solche Versuche in der

Geschichte unserer Kirche immer wieder gegeben hat bis hin zu Folter und Inquisition, Kreuzzügen und Glaubenskriegen und bis hin zu einer ärgerlichen Machtentfaltung von kirchlichen Promis heute – das alles hängt uns Christen wie ein Bleigewicht an den Füßen.

Wir müssen deutlich sagen: Das sind und waren Perversionen, Zerrbilder des Christlichen. *Christi Macht ist die mitreißende Macht seiner Liebe* (Theodor Schneider). Er wollte uns Gott als den gütigen und liebenden Vater nahebringen. Er wollte gerade den Gegensatz aufheben zwischen Herrschenden und Beherrschten, zwischen Kleinen und Großen, zwischen Reichen und Habenichtsen, zwischen denen, die angeblich das Sagen haben und denen, die ihrer Willkür ausgeliefert sind.

Er hat sich in seinem Leben zu all solchen (auch kirchlichen) Machtgelüsten eindeutig und sehr kritisch geäußert: *Ihr wisst, dass die, die als Herrscher gelten, ihre Völker unterdrücken und die Mächtigen ihre Macht über die Menschen missbrauchen. Bei euch aber soll es nicht so sein, sondern wer bei euch groß sein will, der soll euer Diener sein, und wer bei euch der Erste sein will, soll der Sklave aller sein. Denn auch der Menschensohn ist nicht gekommen, um sich dienen zu lassen, sondern um zu dienen und sein Leben hinzugeben als Lösegeld für viele* (Mk 10,42b–45). Das gilt für alle im Vatikan, die trotz Papst Franziskus an ihrer Macht kleben, das gilt genau so für Bischöfe und Pfarrer, ja für alle Autoritäten!

ER IST DIE ZUKUNFT DER WELT

Der »Allmächtige« ist für ihn der »Vater«. Ich möchte noch einmal erinnern, was ich in meiner zweiten Predigt gesagt habe: Im ursprünglich geschriebenen Text des Credo steht nicht »der Allmächtige«, sondern der »Pantokrator«, der »Allherrschende«, der, der einmal endgültig die Herrschaft über die Welt antreten wird – aber noch bedeutet das für uns Zukunft. Die Verhältnisse auf unserer Erde bleiben undurchschaubar und verworren – allerdings eröffnet dieser Satz des Credo für uns ein Stück Hoffnung: *Er* ist es, der zur Rechten Gottes sitzt. *Er* bestimmt das Schicksal der Welt. *Er* ist ihre Zukunft. *Er*, der nicht wie ein Herrscher aufgetreten ist, sondern sich ganz für die Kranken, die Behinderten, die kleinen Leute engagiert hat.

Von dort wird er kommen, zu richten die Lebenden und die Toten

»Strenger Richter aller Sünder«

Als Schüler habe ich Orgelspielen gelernt und in meiner Heimatkirche fast jeden Sonntag die 11-Uhr-Messe gespielt. Eines der beliebtesten Fastenlieder war damals *Strenger Richter aller Sünder, der du uns so schrecklich drohst* – und weiter: *Gib uns Gnade, recht zu büßen, dass wir nicht einst hören müssen* – ich habe das mit ziemlich mulmigen Akkorden unterlegt – und dann kam der musikalische Höhepunkt: *Geht von mir, ich kenn euch nicht,* wo auch die Männer auf der Orgelbühne vernehmlich eingestimmt haben. Mein Gott, war das ein Murks!

Eine Vorlesung von Joseph Ratzinger

Ein paar Jahre später hörte ich dann in Münster eine Vorlesung von Professor Joseph Ratzinger über das Credo: »Einführung in das Christentum«. Ganz andere Töne waren da zu hören: *Man kann nicht bestreiten, dass der Artikel vom Gericht sich im christlichen Bewusstsein zeitweise zu einer Form entwickelt hat, in der er praktisch zur Zerstörung des vollen Erlösungsglaubens und der Verheißung der Gnade führen musste ... Das Urchristentum hat mit seinem Gebetsruf »Unser Herr, komm!« (Maran atha)*

98

die Wiederkunft Jesu als ein Ereignis voll Hoffnung und Freude ausgelegt ... Für den Christen des Mittelalters hingegen erschien jener Augenblick als der schreckenerregende »*Tag des Zornes*« *(dies irae), vor dem der Mensch in Weh und Schrecken vergehen möchte, dem er mit Angst und Grauen entgegenblickt ... das Christentum ... wird so jenes Atems der Hoffnung und der Freude beraubt, der seine eigentlichste Lebensäußerung ist.*[1]

GERICHT: DAMIT DAS UNRECHT NICHT DAS LETZTE WORT BEHÄLT

Das müssen wir zunächst einmal zugeben: Wir Christen haben mit dem Gedanken vom Jüngsten Gericht manchmal fürchterlichen Schindluder getrieben. Aber Max Horkheimer, Philosoph der »Kritischen Theorie« und einer der »Väter« der Studentenproteste 1967/68, sieht im Gedanken des Gerichts den eigentlichen Rechtfertigungsgrund jeglichen Redens von Gott. Wenn überhaupt ein Gott, dann ein Gott, der richtet. Wieso das? Gott ist für Horkheimer der *Ausdruck einer Sehnsucht, einer Sehnsucht danach, dass der Mörder nicht über das unschuldige Opfer triumphieren möge* – so in seinem berühmt gewordenen »Spiegel«-Interview 1970. Was Horkheimer im Tiefsten erhofft: dass das Unrecht in der Welt nicht das letzt Wort bleibt.

---

[1] Joseph Ratzinger, Einführung in das Christentum. Vorlesungen über das Apostolische Glaubensbekenntnis, München 1968, S. 271 © Verlag Kösel in der Verlagsgruppe Random House GmbH, München.

Im Alten Testament hat das Wort »richten« auch die Bedeutung: »Recht verschaffen«, »aufrichten«. Ein paar Beispiele: *Verschafft Recht den Unterdrückten und Waisen, verhelft den Gebeugten und Bedürftigen zum Recht!* (Ps 82,3). *Lernt Gutes zu tun! Sorgt für das Recht! Helft den Unterdrückten! Verschafft den Waisen Recht, tretet ein für die Witwen!* (Jes 1,17). Die »personae miserae« (die ganz Elenden), die Armen, die Zukurzgekommenen sind hier im Blick. *Herr, du hast die Sehnsucht der Armen gestillt ... Du verschaffst den Verwaisten und Bedrückten ihr Recht* – so lesen wir in den Psalmen (Ps 10,17f).

JESUS IST ES, DER RICHTET

Im Neuen Testament ist es Jesus, der Auferstandene und in Gottes Welt Aufgenommene, der Gericht halten wird. Er ist es, der das Schlusswort des Weltgeschehens sprechen wird, das alles Leid der Schöpfung beenden wird, das all ihre Vergeblichkeit durch die Zusicherung widerruft: *Seht, ich mache alles neu!* (Offb 21,5 – Eugen Biser). Jesus ist es, der richtet – damit wird das Gericht in das Licht der Hoffnung getaucht. Im 2. Clemens-Brief (Mitte des 2. Jahrhunderts verfasst) wird das ganz deutlich: *Brüder, so müssen wir über Jesus Christus denken wie über Gott, wie über den, der Lebendige und Tote richtet. Wir dürfen nicht klein denken von unserer Rettung, denn indem wir von ihm klein denken, denken wir auch von unserer Hoffnung gering* (2 Clem 1,1f).

Noch einmal Joseph Ratzinger: *Es ist nicht einfach ... Gott, der Unendliche, der Unbekannte, der Ewige, der da richtet. Er hat vielmehr einem das Gericht übergeben, der als Mensch unser Bruder ist ... Nicht als der ganz andere wird der Richter uns entgegentreten, sondern als einer der Unsrigen, der das Menschsein von innen kennt und erlitten hat.*[2]

DAS GERICHT
UND DIE UNHEIMLICHE LEIDENSGESCHICHTE DER WELT

Für mich persönlich ist der Glaube an die Auferstehung und das Gericht in den letzten Jahren immer mehr in den Mittelpunkt gerückt. Nach dem letzten Krieg, vor allem in den 50er-Jahren, als ich zum Gymnasium ging, sind wir mit der Überzeugung aufgewachsen: So etwas darf und wird nie wieder passieren. Der Krieg, die Konzentrationslager ...

Und dann kamen die Straflager Stalins und Mao Tsetungs, der Terror Pol Pots in Kambodscha. Und als die Mauer fiel, die Sowjetunion zusammenbrach, dachten viele: Jetzt bricht der Weltfriede aus, manche fabelten sogar vom »Ende der Geschichte« – aber die Grausamkeiten haben eher zugenommen ... Afghanistan, Irak, Syrien, Ukraine ... Und die Arabellion, die wir so sehr bejubelt hatten, ist umgeschlagen wie in Ägypten, wo niemand weiß, wie das ausgeht ...

Der islamistische Terror breitet sich immer weiter aus, die Taliban wüten inzwischen in Afrika, in Asien, und kein

---

[2] Einführung in das Christentum, a. a. O., S. 272.

Mensch weiß, wie man das stoppen kann ... Und dann der graussame Wahnsinn der ISIS-Terroristen ... Unzählige Menschen bleiben auf der Strecke, Menschen, deren Leben viel zu früh abbricht, in unvorstellbaren Ausmaßen ... Ich muss gestehen: Wenn da kein Gott wäre, wenn es keine Auferstehung zum Leben gäbe für all diese umgebrachten Menschen, wenn es nicht so etwas gäbe wie ein Gericht, das den Opfern ihr zerstörtes Leben zurückgibt, ihre geschändete Menschenwürde wiederherstellt und die Täter mit ihrer Schuld konfrontiert – natürlich auch das! –, ich müsste schier verrückt werden.

Max Horkheimer: Sehnsucht

Max Horkheimer hat recht, und er sagt das als Atheist: *Alle Versuche, die Moral anstatt durch den Hinblick auf ein Jenseits auf irdische Klugheit zu begründen, ... beruhen auf harmonistischen Illusionen ... Theologie ist ... die Hoffnung, dass es bei diesem Unrecht, durch das die Welt gekennzeichnet ist, nicht bleibe, dass das Unrecht nicht das letzte Wort haben möge. Die Religion kann ... den Menschen bewusst machen, ... dass ... über dem Leid und dem Tod die Sehnsucht steht, dieses irdische Dasein möge nicht absolut, nicht das Letzte sein.*[3] Horkheimer glaubt nicht an Gott, aber er spricht von einer tiefen Sehnsucht nach ihm!

---

[3] Interview in »Der Spiegel«, Heft 1/1970.

ER WIRD KOMMEN, ZU RICHTEN

Am Ende wird es ein Gericht der Barmherzigkeit geben. Das sagt das Bekenntnis der Christen angesichts der Wirrnis des Lebens und der Welt. Es ist das Bekenntnis zu einer *letzten Barmherzigkeit und Güte, die in dieser Welt die Regie führt; ein Bekenntnis gegen alle Absurdität, angesichts derer es uns oft die Stimme verschlägt. Der christliche Glaube ist Parteinahme gegen solche Absurdität, Parteinahme für einen letzten positiven Sinn der Weltgeschichte und unseres Lebens.* In Christus ist ein neuer Horizont aufgeleuchtet *für die, die an ihn glaubten und im Glauben an ihn gestorben sind, aber darüber hinaus für »alles, was Odem hat«, für alle Menschen und die ganze Welt. Und dieses Vorzeichen vor dem Weltgeschehen – das macht die Kraft des Glaubens an Jesus von Nazareth aus, den Gott von den Toten auferweckt hat* (Ulrich Kühn[4]). Und darum – nur darum! – kann es Hoffnung geben, auch für die Täter. Weil Jesus sterbend gebetet hat: *Vater, vergib ihnen, denn sie wissen nicht, was sie tun* (Lk 23,34).

---

[4] Ulrich Kühn, Was Christen glauben. Das Glaubensbekenntnis erklärt, Evangelische Verlagsanstalt Leipzig, [2]2004, S. 151 (beruht auf einer Vorlesung für Hörer aller Fakultäten im Wintersemester 1996/97 an der Universität Leipzig).

ICH GLAUBE AN DEN HEILIGEN GEIST

GEIST KONKRET

Im Mittelalter wurden Siechenhäuser und Spitäler, in denen die Ärmsten der Armen gepflegt wurden, oft »Zum Heiligen Geist« genannt. Unsere gläubigen Vorfahren hatten angesichts stinkender Pestwunden offenbar eine sehr konkrete Vorstellung von der *Liebe Gottes, die ausgegossen ist in unsere Herzen durch den heiligen Geist, der uns gegeben ist* (Röm 5,5). Für viele heutige Christen bleibt die Vorstellung vom Heiligen Geist wohl eher vage und abstrakt.

»GEIST« IN DER BIBEL:
DIE BEWEGENDE GÖTTLICHE SCHÖPFERKRAFT

Ganz anders die Bibel, schon in ihrem ersten Satz: *Im Anfang schuf Gott Himmel und Erde; die Erde aber war wüst und wirr, Finsternis lag über der Urflut, und Gottes Geist schwebte über dem Wasser.* »Gottes Geist«, im Hebräischen: Gottes *ruach.* Ruach bedeutet: Wind, Atem, Sturm. Der Sturmwind des göttlichen Geistes bringt das Chaos in Bewegung (Gen 1,2). Damit beginnt die Schöpfung.

Geist ist in der Bibel Energie, Dynamik, mitreißende Kraft, die Menschen in Bewegung bringt, die Menschen überhaupt erst leben lässt: *Nimmst du ihnen den Atem, so*

schwinden sie hin und kehren zurück zum Staub der Erde.
Sendest du deinen Geist aus, so werden sie alle erschaffen,
und du erneuerst das Antlitz der Erde (Ps 104,29f). Beim
Propheten Ezechiel finden wir die bewegenden Worte: *Ich*
(Gott) schenke euch ein neues Herz und lege einen neuen
Geist in euch. Ich nehme das Herz von Stein aus eurer
Brust und gebe euch ein Herz von Fleisch. Ich lege meinen
Geist in euch (Ez 36,26–27a). (Atem und Geist sind im
Hebräischen Formen von *ruach*).

Ein unglaublich sprechendes Bild einer »göttlichen
Herztransplantation«: *Heraus mit dem kalten, harten, stei-*
nernen Herzen und an seine Stelle ein Herz aus Fleisch, ein
Herz, das in Gottes Rhythmus schlägt, das empfinden, mit-
leiden, hoffen und lieben kann.[1]

Nicht verschwiegen sei, dass »Geist« *(ruach)* im Hebräischen eine weibliche Form ist: *die* ruach. Über Gott
nur in männlichen Vorstellungen reden zu wollen, wäre
unangemessen.

ERFAHRUNG VON PFINGSTEN

Und dann natürlich die Erfahrung von Pfingsten! Gottes
Geist fegt wie ein Sturm durch die verängstigte Gemeinde
der Christen; sie reißen die Türen auf, Petrus predigt zum
ersten Mal die Auferweckung Jesu aus dem Tod – eine
nicht zu bremsende Begeisterung reißt sie alle mit.

---

[1] Theodor Schneider, Was wir glauben, a. a. O., S. 335.

(*Hier die Lesung:* Apg 2,1–4.14–18.22–24.)

Petrus zitiert den Propheten Joël: *Eure Söhne und Eure Töchter werden Propheten sein, eure jungen Männer werden Visionen haben, und eure Alten werden Träume haben. Auch über meine Knechte und Mägde werde ich von meinem Geist ausgießen ... und sie werden Propheten sein.* Die Frau darf in der Kirche das geistliche Amt nicht bekleiden? Das klingt hier beim Propheten Joël und in der Apostelgeschichte doch etwas anders ... Es klingt eher nach Dynamik, nach Bereitschaft zu Neuem.

(*Hier das Evangelium:* Joh 20,19–22.)

Das klingt ja so, als ob der Auferstandene die schwerfälligen Erdensöhne anhaucht: Empfangt den Heiligen Geist. Der Atem des lebendigen Jesus erweckt sie zum Glauben – gegen ihre tödliche Resignation. Und alle ihre Angst ist wie weggeblasen. Der Auferstandene haucht sie an. Gottes Geist und Auferstehung – das gehört ganz eng zusammen.

GEIST UND AUFERSTEHUNG

Schon in den Briefen des Paulus werden Geist und Auferstehung auf verbüffende Weise miteinander verbunden. Röm 8,11: *Wenn der Geist dessen in euch wohnt, der Jesus von den Toten auferweckt hat, dann wird er, der Christus Jesus von den Toten auferweckt hat, auch euren sterblichen Leib lebendig machen durch seinen Geist, der in euch wohnt.* Der Geist ist hier die Wirkkraft Gottes, die selbst noch dem Tod gewachsen ist. Wer diese Botschaft glaubt, der ist über den eigenen Tod schon hinaus.

Der Tod stellt uns vollständig in Frage. Der Tod macht uns Angst. Ist nicht alles, was ich im Leben erreicht habe, für was ich mich eingesetzt habe, am Ende nichtig, wird es nicht unbarmherzig in den Strudel des Nichts hineingerissen? Nur die Hoffnung auf ein Leben über den Tod hinaus vermag uns von dieser Nichtigkeit zu befreien. Nur der Geist Gottes, der in uns wohnt, die Kraft Gottes, die in uns lebendig ist, vermag diese verwegene Hoffnung in uns zu wecken.

Genau darin *hat die spezifisch christliche Heiterkeit angesichts der Hinfälligkeit des Lebens ihren Grund.*[2] Der Geist ist die Erstlingsgabe des künftigen Heils, wie es Paulus in Röm 8,23 sagt, und das heißt, er ist *das sichere Versprechen neuen Lebens, ein Versprechen, das Künftiges* vorwegnimmt und eine Ahnung davon vermittelt, auf was unser Leben letztlich hinausläuft. Der Geist Gottes in uns kann uns ahnen lassen: Unser Leben bricht im Tod nicht einfach zusammen, und das heißt auch: Ich kann jetzt schon im gläubigen Vertrauen darauf leben, jetzt schon, im gegenwärtigen Leben, trotz seiner Todverfallenheit.

Der Geist kann uns in Bewegung setzen, er kann Verkrustetes aufbrechen, er kann in uns Hoffnung wecken – auf eine Zukunft, die wir selbst jedenfalls nicht mehr in der

---

[2] Wolfhart Pannenberg, Das Glaubensbekenntnis ausgelegt und verantwortet vor den Fragen der Gegenwart, Hamburg 1972, S. 147.

Hand haben. Er ist das große »Trotzdem« und »Dennoch«. In wie vielen Klagepsalmen ist es so, dass der Betende seine Not vor Gott ausbreitet, er schildert die ganze Ausweglosigkeit seiner Situation – und dann plötzlich sagt er: »Und doch – ich halte an dir fest, ich verlasse mich auf dich.« Eine Wirkung des Geistes Gottes ist das. Er lässt uns Auswege sehen, wo wir nur noch Probleme sahen, er lässt uns auch da noch hoffen, wo wir nur Fragen ohne Aussicht auf Antwort stellten.

»Der Geist weht, wo er will«

Im Johannesevangelium steht im Gespräch Jesu mit Nikodemus der berühmte Satz: *Der Wind weht, wo er will; du hörst sein Brausen, weißt aber nicht, woher er kommt und wohin er geht. So ist es mit jedem, der aus dem Geist geboren ist* (Joh 3,8). Hier spielt das Johannesevangelium mit der doppelten Bedeutung des griechischen Wortes *pneuma*: Wind und Geist. Der Wind bläst, wo *er* will – so ist auch das Wirken des Gottesgeistes dem Willen des Menschen gänzlich entzogen. Er weht, wo *er* will, also nicht nur in der Kurie in Rom, nicht nur bei den Bischöfen, nicht nur bei den Christen, sondern überall, wo Menschen sich von ihm berühren lassen, in welchen Religionen auch immer. Wo immer Menschen sich zum Guten bewegen lassen, ist Gottes Geist wirksam, spüren wir etwas von ihm.

Johann Sebastian Bach hat diese bewegende Kraft des Gottesgeistes in einem Choralvorspiel herrlich in Noten umgesetzt: die mitreißende Kraft des Gottesgeistes, seine verwandelnde, belebende, neuschaffende Wirkung auf uns Menschen. Wir hören jetzt das Choralvorspiel: »Komm, Gott, Schöpfer, Heiliger Geist!«[3] Das ganze Stück ist fast ausschließlich in Sechzehntelnoten geschrieben – eine einzige mitreißende Bewegung!

---

[3] Dieser Schluss nur, wenn er mit dem Organisten / der Organistin abgesprochen ist.

DIE HEILIGE KATHOLISCHE KIRCHE, GEMEINSCHAFT DER HEILIGEN

DIE VORGÄNGE IN LIMBURG[1]

Die Vorgänge im Bistum Limburg haben uns allen wohl die Sprache verschlagen. Wer hat da Schuld? Bischof Tebartz-van Elst allein? Wohl kaum. Oder auch die, die ihn da hingelobt haben? Der damalige Nuntius in Berlin? Die römischen Stellen, die den Limburger Domkapitularen eine Dreierliste von Kandidaten zugeschickt haben? Oder die, die ihn von dieser Liste gewählt haben? Oder das großkirchliche Klima, das die letzten Jahre für manche nicht nur positive Überraschungen bei Bischofswahlen gesorgt hat? Oder die Verantwortlichen in Limburg, die den Bischof haben gewähren lassen? Man darf ja wohl fragen.

Und heute die Predigt: Die heilige katholische Kirche, Gemeinschaft der Heiligen. So steht es in unserem Glaubensbekenntnis. Ja, ist das denn wahr? Ist die Kirche »heilig«?

---

[1] Predigt nach der Lesung (1 Kor 1,1–3); Evangelium (Lk 19,1–10) nach der Predigt.

DER ANFANG DES I KOR – ERNST GEMEINT?

Wir haben gerade den Anfang des 1. Korintherbriefes des Apostels Paulus gehört: *Paulus ... an die Kirche Gottes, die in Korinth ist, an die Geheiligten in Christus Jesus, berufen als Heilige ...* Paulus wird im Lauf seines Briefes auf ganz viele Konflikte und Schwierigkeiten zu sprechen kommen, die die Gemeinde fast zerrissen haben. Bei den Korinthern war nahezu alles passiert, was in einer antiken Hafenstadt vorkommen konnte. Auch manches Mitglied der korinthischen Gemeinde hatte mit dem christlichen Import einer jüdisch beeinflussten Sexualmoral seine Schwierigkeiten.

Und trotzdem nennt Paulus die Korinther in seinem Eingangsgruß *die Geheiligten in Christus Jesus, berufen als Heilige.* Das hört sich angesichts der Wirklichkeit der Gemeinde mehr als erstaunlich an. Und dann fährt er fort: *Ich danke Gott jederzeit euretwegen ..., dass ihr an allem reich geworden seid in ihm* (1 Kor 1,4–5). Haben wir richtig gehört? Macht Paulus sich da selbst etwas vor?

Nein, Paulus weiß sehr genau, wie vieles in der Gemeinde schief läuft. Er wird in seinem Brief deutliche Worte dafür finden. Und doch sieht er hinter all dem eine tiefere Wirklichkeit: Diese Menschen in Korinth in all ihrer Fragwürdigkeit – Gott liebt sie! Diese Gemeinde, in der es so sehr menschelt, ist die Kirche Gottes. Diese Menschen, die so egoistisch und rücksichtslos sind, sind dennoch von Gott berufen – und für diese Leute dankt er Gott!

Wie bitte, ist das ernst gemeint? Es ist! Paulus sieht tiefer. Diese Menschen hat Gott in seine Kirche berufen. Er liebt sie – trotz ihrer Macken. Und darum kann Paulus die Korinther »die Heiligen« nennen. Nicht deswegen, weil sie eine untadelige weiße Weste hätten, sondern weil Gott sie berufen hat – trotz ihrer massiven Fehler. Gott beruft schwache Menschen in seine Kirche.

»KATHOLISCH«

Das Glaubensbekenntnis sagt weiter: die heilige *katholische* Kirche. Das Wort »katholisch« ist heute weithin zu einer Konfessionsbezeichnung geworden. Ursprünglich war es das nicht. Das Wort »katholisch« taucht zum ersten Mal in einem Glaubensbekenntnis im 2. Jahrhundert auf, und zwar in Ägypten. Vom 5. Jahrhundert an erscheint es nach und nach in den Glaubensbekenntnissen der verschiedenen westlichen Bischofskirchen. Das Wort »katholisch« meinte im ursprünglichen Wortsinn: die Fülle, das Allumfassende, das Universale: *katholon* – über die ganze Welt hin.

Diese Fülle des »Katholischen« geriet dann durch die Kirchenspaltungen in arge Schwierigkeiten. Erst die Trennung in die westliche und östliche Christenheit 1054, und dann die westliche Spaltung durch die Bewegungen der Reformation im 16. Jahrhundert: Luther, Zwingli und Calvin. Was vorher in der Zeit der Gemeinsamkeit als Kennzeichen der Kirche überhaupt galt, ihre katholische, umfassende Fülle, wurde mehr und mehr zur abgrenzenden Konfessionsbezeichnung.

Vielzahl der Konfessionen: Mangel oder Reichtum?

Die alten Zeiten werden nicht wiederkehren. Wir sollten sie uns auch nicht zurückwünschen. Eine Rückkehrökumene – dass die anderen Kirchen wieder reumütig in das Haus der katholischen Kirche zurückkehren – müssen wir uns abschminken.

Aber wir könnten ja den Versuch wagen, die Vielzahl der Konfessionen heute nicht nur als einen Defekt, sondern als einen Reichtum wahrzunehmen. Und als Ziel der ökumenischen Bemühungen könnte dann eine »versöhnte Verschiedenheit« stehen. Die evangelischen Kirchen haben uns den Schatz des Wortes Gottes in der Bibel ganz neu sehen lassen. Sie haben in der Bibelwissenschaft Bahnbrechendes geleistet, wovon heute auch wir Katholiken profitieren. Das Ziel wäre, die Vielfalt der Kirchen als Reichtum zu sehen und zu einer versöhnten Verschiedenheit zu finden, zu einer versöhnteren freilich, als das heute der Fall ist.

Gemeinschaft der Heiligen

Die Gemeinschaft der Heiligen: Die Kirche erschöpft sich nicht in ihrer irdischen Gestalt, sie hat ihre Tiefendimension zurück in die vergangenen Generationen und voraus auf die kommenden. Und im Blick auf die heutige Kirche kann man ja kaum sagen, dass wir es mit lauter untadeligen, vollkommenen, eben »heiligen« Menschen zu tun hätten. Und das gilt für die vergangenen und die kommenden Generationen genauso. Sie alle durften und dürfen sich von Gott beschenkt wissen. Sie glaubten und glauben an einen Gott und Vater Jesu, zu dem auch der verlorene Sohn heimkehren darf, bei dem er wieder heil und ganz werden darf.

Und darum dürfen wir im Zusammenhang mit der Kirche von der »Gemeinschaft der Heiligen« sprechen: die Gemeinschaft der von Gott angenommenen Sünder.

Ich glaube die heilige katholische Kirche

Übrigens: Ist es Ihnen schon mal aufgefallen, dass wir im Credo nicht sagen: Ich glaube *an* die heilige katholische Kirche, sondern: Ich glaube *die* heilige katholische Kirche? Ich glaube *an* Gott. Ich glaube *an* Jesus Christus. Ich glaube *an* den Heiligen Geist. Aber: Ich glaube *die* Kirche. Die Kirche wird einmal, wenn die Welt vollendet ist, verschwinden. Hier macht unser Credo einen bemerkenswerten Unterschied.

In der Johannesoffenbarung heißt es in der großen Schlussvision vom himmlischen Jerusalem: *Einen Tempel sah ich nicht in der Stadt. Denn der Herr, ihr Gott, der Herrscher über die ganze Schöpfung, ist ihr Tempel* (Offb 21,22) – das heißt: In der neuen Welt Gottes wird es keinen Tempel, keine Kirche, keine Priester, keine Bischöfe mehr geben – denn Gott ist unmittelbar zugänglich. Die Kirche ist vorläufig, sie ist in der neuen Welt Gottes nicht mehr nötig.

Fridolin Stier, ehemaliger Alttestamentler in Tübingen, hat mit seiner Kirche viele Konflikte gehabt. 1952 ist er aus disziplinarischen Gründen in die Philosophische Fakultät gewechselt. In seinen Lebenserinnerungen schreibt er: *Wenn sie vollkommen wäre, die Kirche, müsste ich sie fürchten. Unvollkommen wie sie ist, kann ich sie lieben.*

Und wenn Sie das nicht überzeugen kann, dann vielleicht die folgenden autobiographischen Sätze von Walter Dirks, dem großen katholischen Intellektuellen: *Die Kirche, so belastet durch falsche Entscheidungen ... hat mir doch den Glauben vermittelt ... So verdanke ich der Kirche Jesu Christi das Kostbarste meines Lebens: den Sinnentwurf vom Gottesglauben und von Jesu Botschaft aus ... Deshalb ist sie, die mich in vielem so ärgert, plagt, mir Kummer und Sorgen macht, deshalb ist die problematische Kirche dieselbe, der ich wie keiner anderen geschichtlichen Macht tief dankbar bin.*[2]

(Jetzt erst wird das Evangelium gelesen: Lk 19,1–10.)

Ohne die Kirche würden wir diese wunderbare Erzählung gar nicht kennen!

---

[2] Der singende Stotterer. Autobiographische Texte, München 1983, S. 180f.

Vergebung der Sünden

In unserer Gesellschaft besteht die Tendenz, Schuld zu verleugnen, zu verdrängen, auf andere abzuschieben. Allerdings haben die Tragödien dieses und vor allem des letzten Jahrhunderts deutlich werden lassen: Es geht heute nicht nur um die persönliche und psychologische, sondern auch um die soziale, politische und ökologische Dimension von Schuld. Gerade die moderne Literatur hat deutlich gemacht: Keinem Menschen (ob er nun an Gott glaubt oder nicht) bleiben Erfahrungen von Ohnmacht, Versagen und Schuld erspart.

Übertriebene Sündenängste

Man muss aber auch zugeben: Unsere Kirche hat bis in die 50er- und 60er-Jahre des letzten Jahrhunderts und zum Teil noch weit darüber hinaus Schuldgefühle auf einem sehr engen Feld erzeugt, dem der Sexualität. Jeder sogenannte »unkeusche Gedanke« war gleich schon eine Todsünde, bei der der Teufel sofort einen Zentner Kohle nachbestellen musste. Auf anderen Feldern war man sehr großzügig; man hat beispielsweise Kriege erlaubt oder Kolonialismus und ökonomische Ausbeutung gerechtfertigt. Unsere Kirche hat von Sünde viel zu laut und viel zu energisch vor den kleinen Leuten gesprochen angesichts ihrer kleinen Sünden, und viel zu leise vor den Mächtigen angesichts ihrer großen Sünden.

Das hat auch in der Literatur seine Spuren hinterlassen: Friedrich Nietzsche konnte den Satz schreiben: *Dieser Gott musste sterben. Er kroch in meine schmutzigsten Winkel.* Und Simone de Beauvoir ließ einen ihrer Romanhelden sagen: *Ich habe Gott nie vermisst. Er stahl mir die Erde.*

VERGEBUNG OHNE GOTT?

Der Schriftsteller Lew Kopelew, der als russischer Offizier den Einmarsch der Sowjetarmee in Ostpreußen am Ende des letzten Weltkrieges miterlebte und der damals versucht hat, Grausamkeiten und Unrecht so gut er konnte zu verhindern, schrieb 1977 in der »Zeit« so etwas wie einen persönlichen Rechenschaftsbericht.

Er schildert sich darin als einen überzeugten Kommunisten, der über lange Jahre hin das Regime Stalins unterstützt hat aus ehrlicher Überzeugung. Er gibt offen zu: Ich habe inzwischen erkennen müssen, wie sehr ich mich geirrt habe. Wie war das möglich, dass ich ein solch unmenschliches Regime so lange nicht durchschaut habe? Da habe ich mich mitschuldig gemacht. Für all das, was da an Unrecht und Unterdrückung geschehen ist, bin ich mitverantwortlich. Ich habe über viele Jahre einen falschen Kurs verfolgt, einer ungerechten Sache gedient. All das stellt mich tief in Frage. Es ist nicht wieder gutzumachen.

Und dann schreibt Kopelew: *Da ich nicht religiös bin, genieße ich nicht die tröstliche Hoffnung auf Vergebung der Sünden. Was vergangen ist, kann weder zurückgerufen noch verändert werden. Meine Schuld bleibt auf immer unlöslich mit mir verbunden.*[1] Mich hat dieses ehrliche Bekenntnis tief bewegt. Da sagt jemand ganz ehrlich: Ich habe keinen Glauben. Und das hat zur Konsequenz: Meine Schuld kann mir niemand abnehmen. Damit muss ich ganz allein fertig werden. Denn wer könnte sie mir vergeben?

VERARBEITUNG VON SCHULD

Übrigens empfand der französische Schriftsteller Albert Camus das ganz ähnlich. In seinem 1957 mit dem Nobelpreis ausgezeichneten Roman »Der Fall« schildert er einem Richter in Paris, Johannes Clamans, der hoffnungslos in seine Schuld verstrickt ist. Er hat auf einer Seine-Brücke in Paris des Nachts erlebt, wie eine junge Frau sich in den Fluss stürzt. Selbstmord. Und er ist einfach weitergegangen. Das belastet ihn nun. Er glaubt nicht an Gott. Und so gibt es für ihn keinen Ausweg, keine Gnade. Er sagt im Verlauf des Romans: Wenn Gott existiert, dann besteht seine einzige Nützlichkeit darin, »die Unschuld zu verbürgen«. Offenbar ist das Camus' eigene Meinung: Wirkliche Vergebung gibt es nur, wenn man an Gott glauben kann.

---

[1] »Die Zeit«, 4. Februar 1977.

Natürlich: Nicht jede Schuld stellt uns so tief in Frage, dass fast der Sinn unseres ganzen Lebens auf dem Spiel steht. Viele Formen von Schuld lassen sich dadurch bereinigen, dass wir uns aussöhnen, uns entschuldigen, den Kontakt zum anderen wiederherstellen. Aber es gibt Dinge, die so leicht nicht zu bewältigen sind. Es gibt Zerwürfnisse unter Menschen, die so leicht nicht zu heilen sind. Worte, die den anderen tief verletzt haben, menschliche Beziehungen, die endgültig zerbrochen sind, vertane Chancen, die nie wiederkehren, Verbitterung, die weiterwirkt. Und es gibt die schmerzliche Erfahrung, dass der andere die Vergebung verweigert, nicht unbedingt nur aus bösem Willen, sondern weil die Bitterkeit sich so festgesetzt hat, dass er im Moment gar nicht anders kann.

Wie lässt sich solche Schuld verarbeiten? Verharmlosen oder sich herausreden? So schlimm war's doch auch wieder nicht, der andere ist auch ein gutes Stück mit schuld ... Das wäre unredlich. Sagen: Ich will aus der Vergangenheit lernen, es das nächste Mal besser machen? Dadurch wird das Vergangene nicht gut. Oder wenn mir ein anderer freundlich auf die Schultern klopft: Nimm's nicht so schlimm! Jeder hat seinen Dreck am Stecken ... Da macht man sich's zu einfach.

GOTT ALLEIN KANN VERGEBEN

Schuld kann tatsächlich in eine Tiefe reichen, wo solche Antworten nicht genügen. Die Menschen zur Zeit Jesu haben das richtig empfunden, wenn sie sagten: *Wer kann*

Sünden vergeben außer dem einen Gott? (Mk 2,7). Vergeben, schöpferisch vergeben, das kann nur Gott. Nur er kann sagen: Da gibt es in deiner Lebensgeschichte viel Ungutes, Menschen, die du enttäuscht und verletzt hast, zerbrochene menschliche Beziehungen, und das gehört zu deiner Lebensgeschichte weiterhin dazu. Aber all das Dunkle kann mich nicht hindern, dich zu lieben. Vergebung durch Gott heißt: Da ist einer, der mich bejaht, so wie ich geworden bin, mit meiner keineswegs immer glorreichen Vergangenheit, mit all dem Unfertigen und Unreifen in mir. Er ist wie ein guter Freund, der genau weiß, was mit mir los ist, wie ich mir manchmal selbst zum Rätsel werde, und der mich doch ganz tief versteht und bejaht. Er vergibt und schenkt mir meine Selbstachtung wieder.

Christlich richtig von Schuld und Vergebung reden

Man sagt oft: Wenn die Kirche von Sünde spricht, dann entwertet sie den Menschen. Sie macht ihn klein und hässlich. Eines müssen wir sicher zugeben: Wir haben in der Vergangenheit manches übertrieben. Haben den Leuten Angst eingejagt. Falsche, unnötige Schuldgefühle in ihnen geweckt. Manche hat das ein Leben lang belastet. In meiner Kaplanszeit sagte mir ein alter Pfarrer: Wenn ich bedenke, was wir den Leuten im Beichtstuhl alles zugemutet haben, macht mich das manchmal ganz schön fertig …

Solche Übertreibungen waren schlimm. Sie haben das Entscheidende gar nicht in den Blick kommen lassen:

Wenn wir christlich richtig von Schuld und Vergebung sprechen, dann wird dem Menschen seine Würde und Selbstachtung gerade nicht genommen, sondern sie wird ihm zurückgegeben. Vergebung durch Gott heißt: Da ist einer, der mich bejaht, so wie ich geworden bin, mit meiner Vergangenheit. Er ist wie ein guter Vater, wie eine verständnisvolle Mutter, wie ein Freund, der mich in meiner Tiefe versteht und nicht aufhört, mich zu lieben.

(Jetzt ohne weiteren Kommentar das Evangelium lesen: Lk 15,1–2.11–32.)

Auferstehung der Toten und das ewige Leben

Unvorstellbares, ganz anderes Leben

Wenn mich nicht alles täuscht, war es François Mauriac, Literaturnobelpreisträger, gläubiger Katholik, der von Bekannten in Paris gefragt wurde: Herr Mauriac, Sie sind ein gebildeter Mann, man kann mit Ihnen über alles diskutieren, aber es irritiert uns, dass Sie an so etwas Absurdes glauben wie eine Auferstehung der Toten. Wie in aller Welt stellen Sie sich das denn vor? Mauriac gab damals die entwaffnende Antwort: *Ich stelle es mir überhaupt nicht vor. Ich überlasse es Gott, wie er die Seinen überraschen wird.*

Für mich persönlich ist diese Antwort eine große Hilfe gewesen. Das Leben nach dem Tod, in der Ewigkeit Gottes, ist für uns Menschen völlig unvorstellbar. Aber wir können unsere Hoffnung darauf setzen, dass Gott uns in unserem Tod mit ewigem Leben beschenken wird. Ein Leben in einer ganz anderen Dimension, im Himmel, in der ganz anderen, unvorstellbaren Wirklichkeit Gottes.

Die »Kontrastformeln« der Apostelgeschichte

Jesu Tod am Kreuz war der Gipfel der Absurdität. Hier stirbt nicht ein Weiser, der gelassen argumentierend den Giftbecher trinkt wie Sokrates; nein, hier bäumt sich ein junges Leben auf gegen sein widersinniges Ende – *mein Gott, warum hast du mich verlassen?* –, um sich schließlich doch in den rätselhaften Willen des Vaters zu fügen.

Diese Kreuzigung ist nicht geeignet, das Vertrauen auf die im Menschen schlummernden guten Möglichkeiten zu stärken. Menschen ermorden in wahnwitziger Perversion den Propheten des Lebens. Petrus wird in seiner Pfingstpredigt sagen: *Jesus, ... den Gott vor euch beglaubigt hat durch machtvolle Taten, Wunder und Zeichen, die er durch ihn in eurer Mitte getan hat, wie ihr selbst wisst, – ihn ... habt ihr durch die Hand von Gesetzlosen ans Kreuz geschlagen und umgebracht. Gott aber hat ihn von den Wehen des Todes befreit und auferweckt; denn es war unmöglich, dass er vom Tod festgehalten wurde* (Apg 2,22b–24).

Man spricht in der Bibelwissenschaft von einer »Kontrastformel«. An anderer Stelle: *Der Gott unserer Väter hat Jesus auferweckt, den ihr ans Holz gehängt und ermordet habt* (Apg 5,30). Gott hat auf die Untat der Menschen mit der Auferweckung geantwortet. Diese Kontrastformeln gehören zu den eindrucksvollsten Texten über die Auferweckung Jesu aus dem Tod. Wir müssen nur höllisch aufpassen, dass wir keine antijüdischen Töne hereinbringen. Menschen haben Jesus den Tod bereitet – Gott hat ihn auferweckt.

GOTT IST DIE LIEBE, STÄRKER ALS DER TOD

Gott hat sich eindeutig zu ihm bekannt, er ist der Lebendige, er setzt den Ausweg, er ist treu und mächtig, er schenkt Leben, er ist die Liebe selbst, die stärker ist als der Tod. Und wie er es mit Jesus tat, so wird er es auch mit den vielen Opfern menschlicher Geschichte tun, den vielen in Konzentrationslagern und Kriegen und Terror sinnlos umgebrachten Menschen. Er allein kann ihnen ihr zerstörtes Leben zurückschenken – und er wird das auch mit unserem Leben tun.

Die christliche Auferstehungshoffnung nimmt den Tod als Ende unseres Lebens ganz erst. Und deshalb nimmt sie auch unser heutiges Leben und seine Aufgaben ganz ernst. Vor allem aber nimmt sie Gott als Gott ernst, sie nimmt ihn beim Wort. Paulus hat es im 1. Thessalonicherbrief so formuliert: *Wenn Jesus – und das ist unser Glaube – gestorben und auferstanden ist, dann wird Gott durch Jesus auch die Verstorbenen zusammen mit ihm zur Herrlichkeit führen ... Dann werden wir immer beim Herrn sein* (1 Thess 4,14.17). Gabriel Marcel, französischer christlicher Existenzphilosoph, hat über die Liebe gesagt: *Lieben heißt sagen, du sollst leben, du sollst nicht untergehen.*

Ewiges Leben – ewige Langeweile?

Aber wollen wir das denn? Muss das nicht langweilig werden: ewiges Leben? Der Münchner im Himmel kriegt kein Bier, sondern immer nur Ambrosia – seit dem alten Homer eine Götterspeise, die Unsterblichkeit verleiht, wie immer man sich die vorstellen mag. Und er muss den ganzen Tag Halleluja singen … Apropos den ganzen Tag: Natürlich gibt es in der vollendeten Welt Gottes keine Zeit mehr in unserem Sinne. Es gibt so etwas wie eine ewige Gegenwart. Doch müssen wir zugeben: Wir haben vom ewigen Leben oft in einer Weise gesprochen, die Gähnen und Langeweile hervorruft, von einem Himmel, den Heinrich Heine in »Deutschland. Ein Wintermärchen« lieber den »Engeln und den Spatzen« überlassen wollte.

»Himmel«, »ewiges Leben« kann ich mir nicht als statisches, immer gleiches, ewiges Glück vorstellen. Was ich in meinem jetzigen Leben so spannend finde – auch noch in meinem Alter – ist die Erfahrung, dass ich ständig dazulerne, meine Einsichten sich vertiefen, verändern, dass ich immer tiefer in das Geheimnis der Wirklichkeit hineinwachse.

Ein immer tieferes Hineinwachsen in die Wahrheit

Was ich vom »ewigen Leben« erwarte, ist genau das: nicht, dass Gott mich mit einem Mal alles in seiner Tiefe verstehen lässt, sondern dass ich immer tiefer hineinwachse. Gott ist eine so faszinierende Wirklichkeit, dass ich mit ihm nie an ein Ende komme, auch in jenem Leben der Ewigkeit nicht. Auch dort gibt es Entwicklung, ein immer tieferes Eindringen in die Wahrheit. Das ewige Leben schließt weitere, unvorstellbare Entwicklungen ein. Es ist nicht statisch, es ist dynamisch, es wird spannend sein. – Habe ich da nicht den Mund zu voll genommen? Kann ich denn irgendetwas Konkretes über das ewige Leben wissen? Natürlich kann ich das nicht.

Aber die Erfahrung, dass mein Leben heute gerade dadurch spannend wird, dass sich mir die Wahrheiten immer tiefer erschließen, ich immer Neues erfahre, die Dinge in immer neuen Zusammenhängen sehe – kann das nicht doch ein Hinweis sein, dass das auch im Leben der Ewigkeit so sein wird? Ich hoffe es jedenfalls! Himmel als ewige Langeweile – das wäre für mich eine Horrorvorstellung.

Dynamische Zukunftsbilder in der Bibel

Auch die Zukunftsbilder der Heiligen Schrift ermutigen mich, in diese Richtung zu denken. Es sind Bilder, Metaphern, natürlich. Aber von welcher Dynamik! Am Ende der Johannesoffenbarung steht eine wahre Kaskade von Bildern: Das Bild vom neuen Jerusalem, der Stadt, wo Menschen zu Hause sind, Heimat finden, Gemeinschaft erfahren. Es geht über in das Bild der Hochzeit – die glückliche jubelnde Vollendung: ein Hochzeitsmahl wie in der ausgedehnten orientalischen, tagelangen, turbulenten Hochzeitsfeier (Offb 21,2–5). Und dann wird das Bild von der

Stadt noch einmal aufgegriffen: Menschen sind irgendwo zu Hause, wissen, wohin sie gehören (Offb 21,10f). In der Stadt wird es keinen Tempel mehr geben. Gott wohnt unmittelbar unter den Menschen (Offb 21,22). Es braucht keine Priester, keine Kirche, keine Vermittler mehr. Gott ist für jeden unmittelbar erreichbar. Jeder spürt seine Nähe. Jeder darf in seiner Nähe aufatmen. Jeder findet in seiner Nähe zu sich selbst – und zu den anderen.

Die Reichtümer und Kostbarkeiten der Völker werden in die Stadt gebracht. Man muss fremde Religionen und Kulturen nicht mehr als Bedrohung empfinden. Sie sind ein unschätzbarer Reichtum! Gott erscheint hier als ein Gott, der alle Menschen bei sich haben will, der sich an all dem Reichtum menschlichen Nachdenkens freut (Offb 21,24.26).

Die Stadt besteht aus lauter Gold und Edelsteinen. Der Seher Johannes bietet die kostbarsten Materialien auf, um die Schönheit der Stadt zu beschreiben (Offb 21,18–21). Manchmal denke ich allerdings beim Lesen dieses Textes etwas wehmütig: Wenn wenigstens ein kleines Kätzchen über die goldenen Straßen laufen würde … Doch kaum habe ich das gedacht, geht die Vision in eine Schilderung des Paradieses über: Ein kristallklarer Fluss, angefüllt mit dem Wasser des Lebens, an seinen Ufern stehen Bäume, die jeden Monat Früchte tragen (Offb 22,1f). Und dann kommt eine Bemerkung, die mich besonders ergreift: *Die Blätter der Bäume dienen zur Heilung der Völker* (Offb 22,2). Im griechischen Text steht sogar: Sie dienen zur Therapie der Völker. Und ich denke mir: Wie sehr hätte unsere Welt

eine solche Therapie nötig, wie sehr hätten es die zerstritte-
nen Völker im Nahen Osten nötig, besonders in Syrien und
im Irak, wie sehr die islamistischen Attentäter – und auch
viele christliche Völker hätten so etwas nicht nur in der Vergangenheit dringend gebraucht!

WUNDERBARE BILDER

Die neue Stadt. Die Hochzeit. Das Paradies. Diese wunder-
baren Bilder lassen mich ein bisschen ahnen, was Himmel,
was ewiges Leben sein könnte: Versöhnung, Friede, versöhnte Gemeinschaft der Menschen, Gemeinschaft mit
Gott, in die wir immer tiefer hineinwachsen. Wir. Die
ganze Welt! Menschen aller Zeiten und Religionen! Von
wegen Langeweile!